CLAUDIA MERS
@interiorwithflowers

Winterliche NATUR-DEKO

ZAUBERHAFTE KRÄNZE UND GESTECKE ARRANGIEREN

CV

INHALT

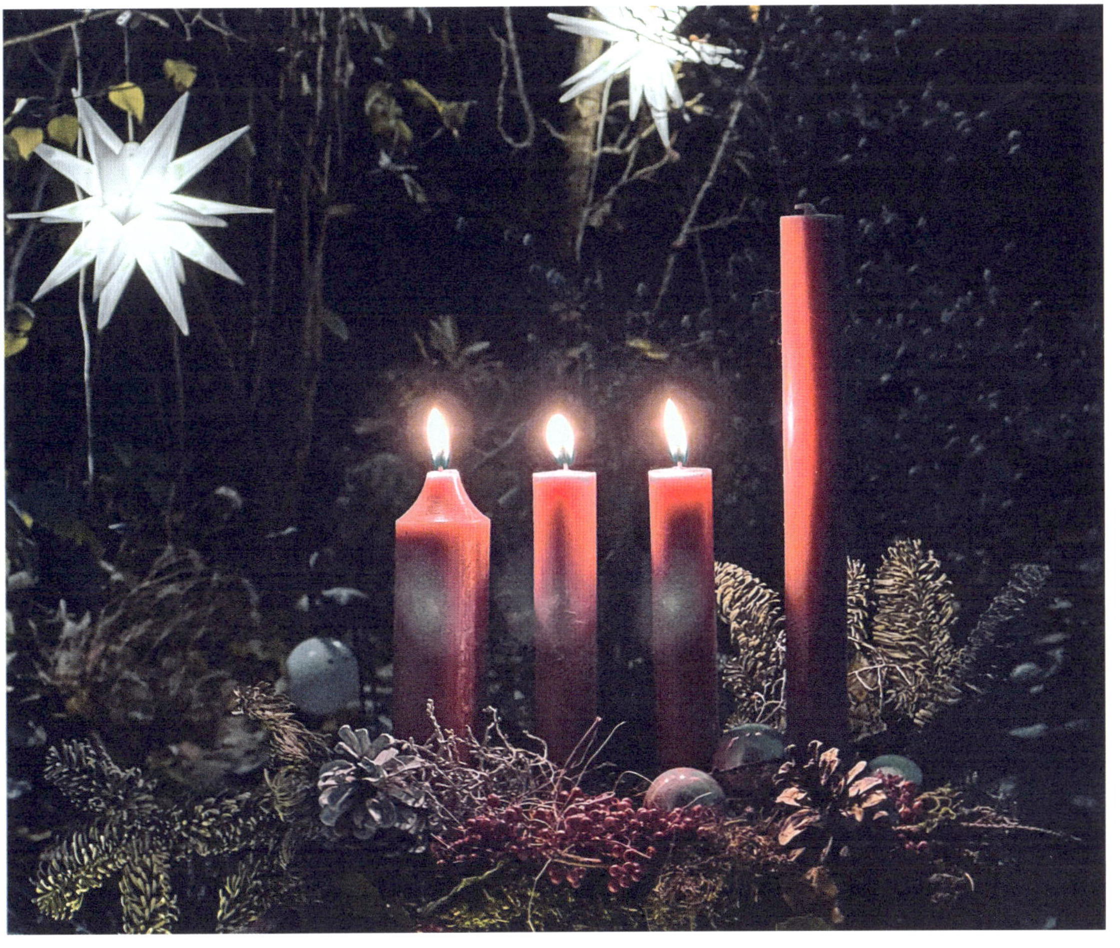

HERZLICH WILLKOMMEN!

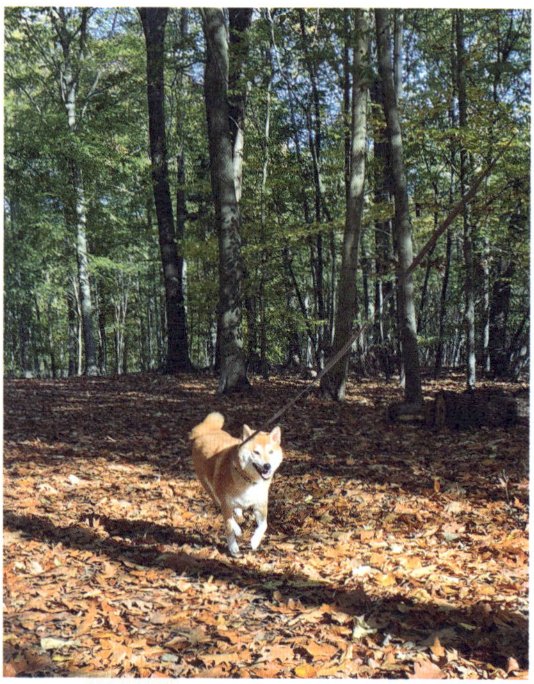

Ich freue mich sehr, dass du mein erstes Buch in den Händen hältst. Möglicherweise kennst du mich ja schon von Instagram, aber ich möchte mich gern hier noch einmal kurz vorstellen. Ich bin Claudia und über ein halbes Leben lang glücklich mit meinem Herzmann Wolfgang verheiratet. Zusammen haben wir zwei wundervolle, schon erwachsene Kinder, Fiona und Mervyn. Außerdem bereichern Ebony, ein Shiba-Inu, sowie Izumi und Zora, zwei Neva-Masquarade-Kätzchen, unser Zuhause.

Aufgewachsen in Düsseldorf, der für uns schönsten Stadt am Rhein, zog es uns vor 25 Jahren auf die andere Rheinseite nach Neuss in den Außenbezirk, wo wir unser kleines Häuschen mit Garten haben. Dort kann ich nach meiner Arbeit in der IT-Branche am Nachmittag mit Ebony ausgiebige Spaziergänge an der frischen Luft machen oder einfach mal abschalten. Am liebsten entspanne ich im Garten, z. B. mit einem guten Buch oder mit einem leckeren Cappuccino und Snacks.

Meine große Leidenschaft gilt der Natur und Blumen. Es macht mir sehr viel Freude, immer wieder neue Gestecke und Vasen zu dekorieren oder Töpfe zu bepflanzen. Und da ich auch gerne fotografiere und meine Ideen mit anderen teile, landete ich schließlich bei Instagram. Auf meinem Account @interiorwithflowers zeige ich seit ein paar Jahren meine Bilder und vor allem Reels. Mittlerweile folgen mir über 170 000 Menschen! @Interiorwithflowers stand dabei anfänglich für Wohn-Accessoires mit Blumen, mittlerweile aber vor allem für Blumen- und Pflanzendekorationen.

In unserem Zuhause sind immer frische Blumensträuße und Pflanzen zu finden. Blumen sind dabei für mich nicht nur eine Dekoration, sondern eine Quelle der Freude. Daher ist es mir ein ganz besonderes Anliegen, in diesem Buch zu zeigen, dass man auch in der vermeintlich dunklen Jahreszeit, im Winter und um Weihnachten herum, wunderschöne Dekorationen mit natürlichen Materialien wie Blumen und Pflanzen gestalten kann. Vieles davon kann man zudem wunderbar selbst sammeln. Dabei ist stets Ebony mein treuer Begleiter, denn von unseren Gassi-Runden bringen wir so manche Natur-Schätze mit nach Hause.

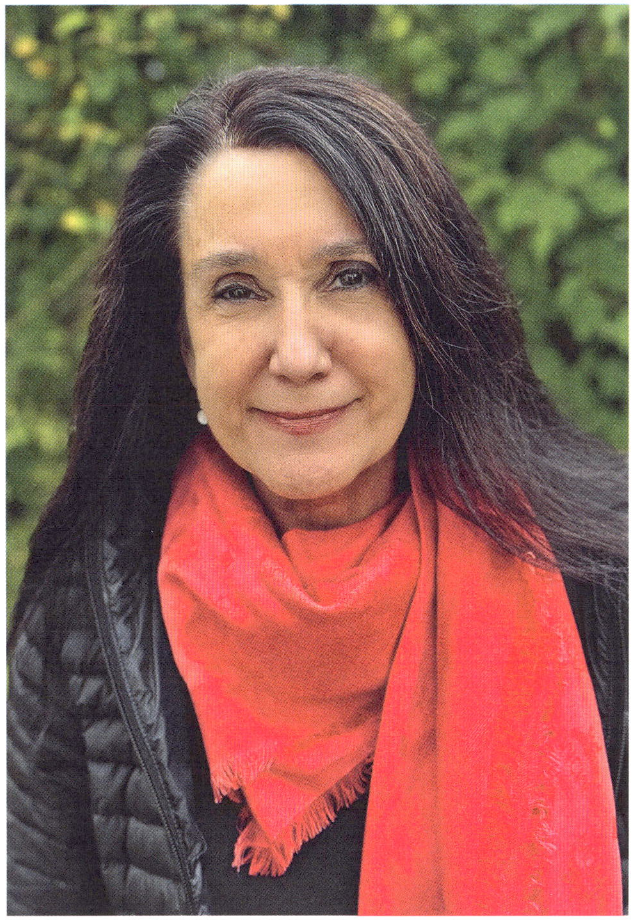

Bei meinen Dekorationen achte ich immer darauf, dass man sie schnell, mit einfachen Mitteln und möglichst nachhaltig umsetzen kann. Daher verwende ich gerne wiederverwendbare Vasen und Gefäße sowie Materialien, die nach ihrem Deko-Leben entweder kompostierbar sind oder für spätere Dekorationen aufbewahrt werden. Auch Upcycling ist immer wieder ein Thema für mich, und gerade Vintage-Stücke wie Omas alte Suppenterrine haben neben den Erinnerungswerten auch ein ganz besonderes Flair, das sie verbreiten.

Nachhaltige florale Dekorationen sind nicht nur gut für die Umwelt, sondern auch für unser Wohlbefinden, denn sie schaffen eine entspannte und harmonische Atmosphäre in unseren Räumen oder im Garten. In meinem Buch zeige ich euch ein paar einfache Ideen, die leicht und mit wenig Aufwand umsetzbar sind. Von selbstgemachten Adventskränzen aus Tannenzweigen und Zapfen über dekorative Zipfelbäume bis hin zu natürlichen Tischdekorationen mit Zweigen – es gibt unzählige Möglichkeiten, natürliche Materialien für die Winterdekoration zu verwenden.

Jetzt wünsche ich euch viel Freude beim Lesen und beim winterlichen Kreativ-Sein!

Eure Claudia

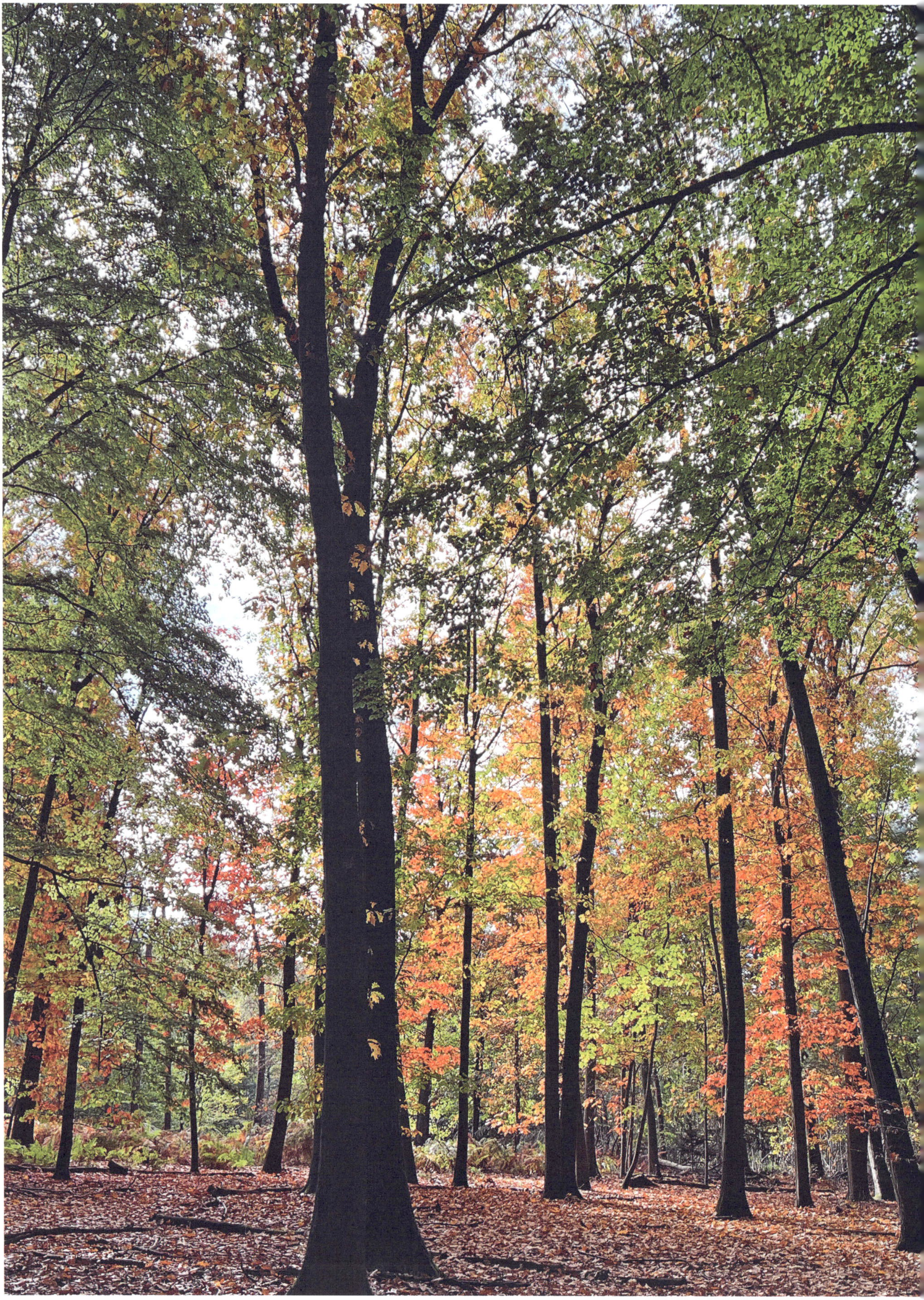

TANNE, MOOS & CO. – WUNDERBARES NATURMATERIAL

Natürliche Materialien in unserem Zuhause haben eine ausgleichende Wirkung auf uns Menschen. Sie erden uns und lassen uns zur Ruhe kommen. Ganz besonders gilt dies in den dunkleren, kälteren Monaten des Jahres, an denen man sich meist weniger im Freien, in der Natur aufhält. Dann ist es umso wichtiger, sich die Natur in Form von stimmungsvollen Dekorationen ins oder ans Haus zu holen. Am besten verwendet man dafür Dinge, die uns die Natur in dieser Zeit selbst anbietet: Nadelgrün, Moose, Zapfen und so vieles mehr!

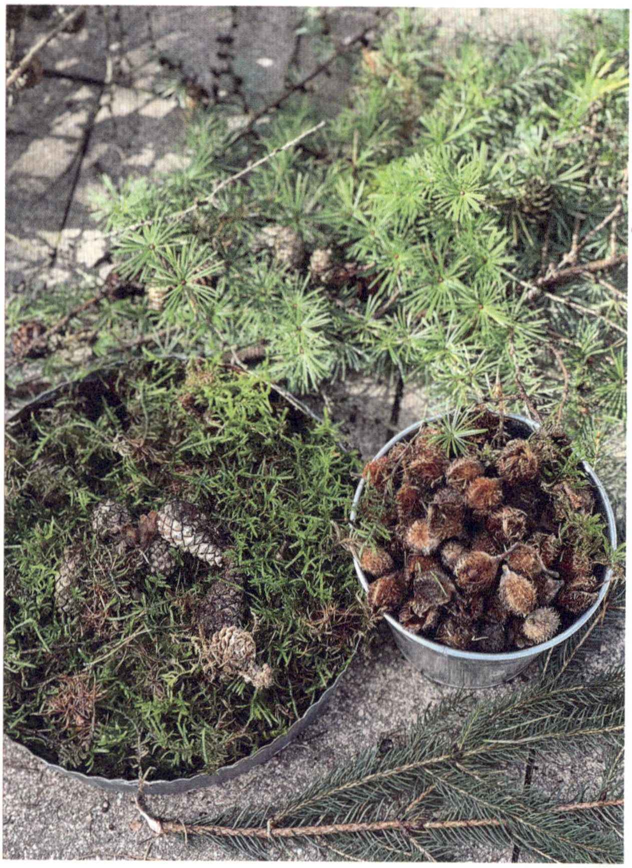

Sammeln in der Natur

In der Regel ist es in Deutschland erlaubt, Naturmaterialien im Wald zu sammeln, solange es in geringen Mengen für den eigenen Gebrauch geschieht und keine geschützten Pflanzen oder Tiere dabei beeinträchtigt werden. Es ist jedoch wichtig, die örtlichen Vorschriften zu beachten, da es in einigen Gebieten Einschränkungen geben kann.

Gehe bitte immer respektvoll mit unserer Natur um und sammele nur so viel, wie du tatsächlich benötigst. Nimm z. B. von Moos immer nur eine Handvoll, am besten auch von unterschiedlichen Plätzen, damit es sich regenerieren kann.

Natürliche Materialien sind eine gute Möglichkeit, um eine gemütliche und nachhaltige Atmosphäre im eigenen Zuhause zu schaffen. Im Winter, wenn die Natur in Ruhe verharrt und die Landschaft oft kahl und grau erscheint, können Pflanzen, Moos, Zweige, Zapfen und andere natürliche Dekorationen eine warme und beruhigende Stimmung verbreiten. Sie sorgen für eine Verbindung zur Umwelt, auch wenn es draußen kalt und ungemütlich ist.

Das Schöne an der Verwendung natürlicher Materialien ist zudem, dass sie kostengünstig und für jeden zugänglich sind. Oft kann man sie direkt vor der eigenen Haustür sammeln oder im Wald und Garten finden. Gesammelte Schätze sind nicht nur umweltfreundlich, sondern auch vielseitig einsetzbar und können auf kreative Weise in die Inneneinrichtung integriert werden.

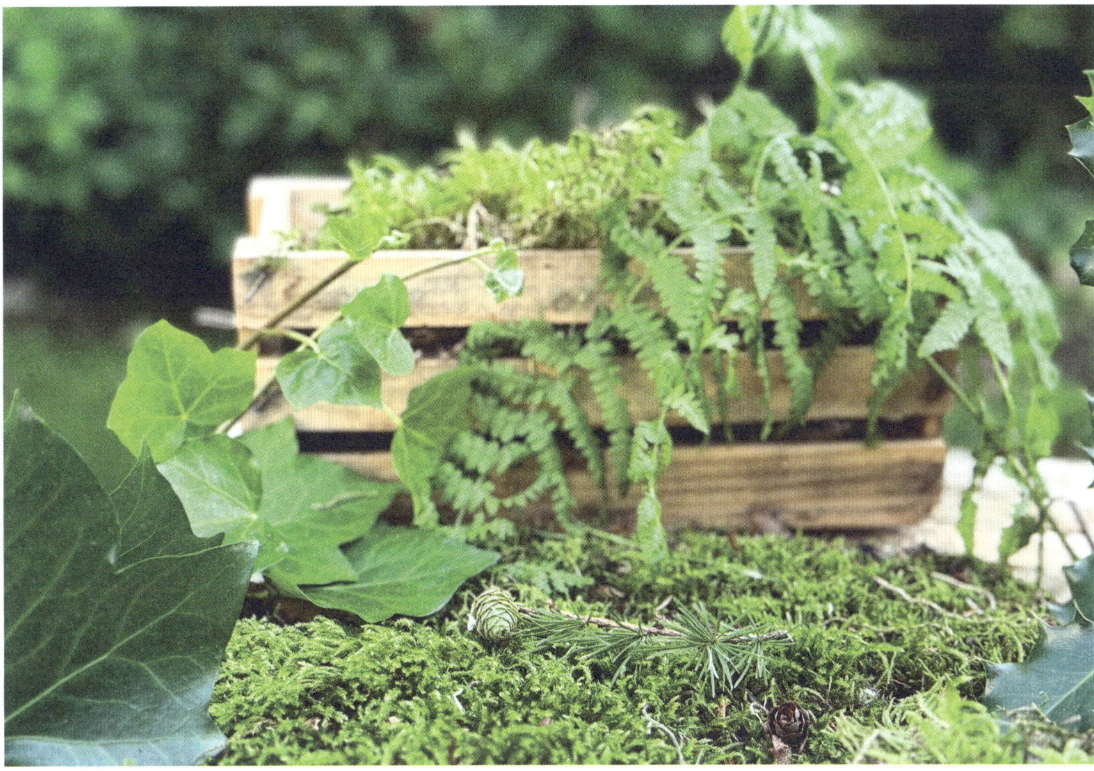

GRÜNES DEKO-MATERIAL

Im Winter, wenn es draußen dunkel und kalt ist, gibt es dennoch Pflanzen, die immergrün sind und ihren Blattschmuck bzw. ihre Nadeln behalten und sich daher wunderbar eignen, um mit ihnen natürliche Dekorationen zu gestalten.

MOOS

Es gibt verschiedene Arten von Moos, die in unterschiedlichen Lebensräumen vorkommen. Einige häufige Moosarten sind:

- Waldmoos wächst in Wäldern und bildet dichte grüne Teppichpolster auf dem Waldboden. Es ist sehr widerstandsfähig und kann auch in schattigen Bereichen gedeihen.

- Kissenmoos bildet kleine, runde Polster und wächst oft auf Steinen oder Felsen. Es hat eine dichte, kompakte Struktur und kann auch in trockenen Umgebungen überleben.

- Sternmoos hat kleine, sternförmige Blätter und wächst in dichten Büscheln. Es kommt häufig auf Bäumen, Ästen und Felsen vor und verleiht diesen eine grüne, lebendige Farbe.

Diese Moosarten können für verschiedene Dekorationszwecke verwendet werden, z. B. für florale Arrangements und verschiedenste Deko-Ideen.

Moos an der Luft trocknen

Das Moos zunächst vorsichtig ausschütteln, um Krabbeltiere zu entfernen. Danach am besten mit Wasser (kochend, aus dem Wasserkocher oder Kochtopf) spülen. Anschließend ausreichend abtropfen lassen und an einen dunklen und luftigen Ort auf mehreren Lagen Küchenpapier auslegen. Nach vier bis acht Tagen sollte das Moos komplett getrocknet sein.

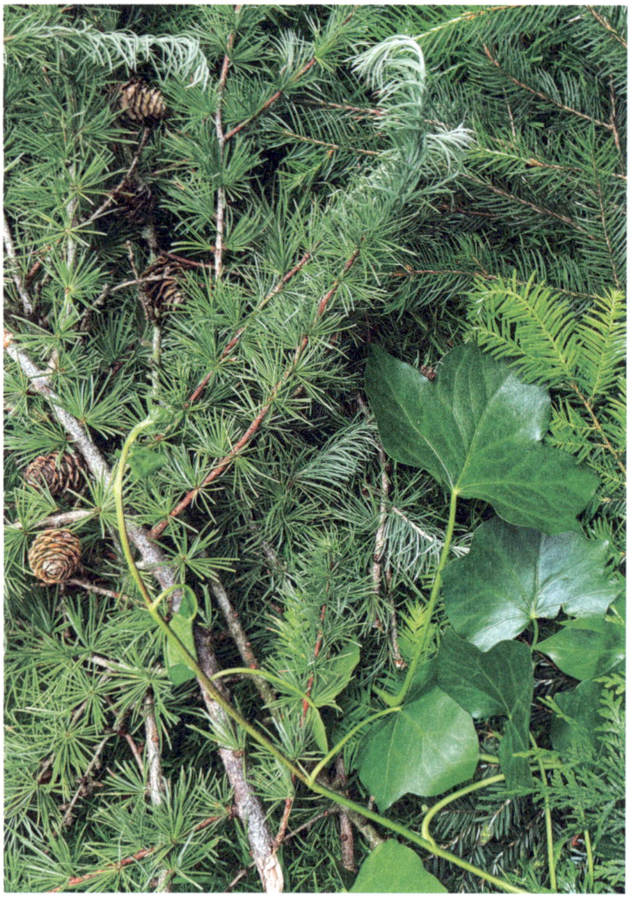

NADELGRÜN (TANNE, KIEFER)

Mit Nadelgrün sind meist die Zweige von Tanne und Kiefer gemeint. Die Nadeln der Tanne sind weich und spitz, während die Nadeln der Kiefer oft etwas länger und starrer sind. Beide immergrünen Bäume haben eine dichte, pyramidenförmige Krone und sind beliebte Weihnachtsbäume.

EIBE

Die Eibe ist ein immergrüner Baum mit dunkelgrünen, glänzenden Nadeln und eignet sich gut für dekorative Gestecke. Aber Vorsicht! Alle Pflanzenteile der Eibe sind giftig und sollten möglichst wenig berührt und auf keinen Fall verzehrt werden. Lediglich die roten Beeren sind ungiftig.

THUJA

Die Thuja ist ebenfalls ein immergrüner Nadelbaum. Sie gehört zur Familie der Zypressengewächse und hat einen schlanken, kegelförmigen Wuchs. Die Nadeln der Thuja sind klein, schuppenförmig und dicht an den Zweigen angeordnet. Sie sind in der Regel dunkelgrün, können aber je nach Sorte auch gelblich oder bläulich gefärbt sein. Thuja-Bäume sind beliebte Zierpflanzen in Gärten und Parks und werden oft als Heckenpflanzen verwendet, da sie schnell wachsen und gut geschnitten werden können.

EUKALYPTUS

Eukalyptus ist als Grünschmuck derzeit absolut im Trend und aus der Home-Dekoration gar nicht mehr wegzudenken. Die Blätter sind schön geformt und meist silbrig grün. Die Sorte ›Populus‹ hat locker fallende Blätter, die in Kränzen und Sträußen dekorativ zur Geltung kommen.

EFEU

Efeu ist eine immergrüne Kletterpflanze mit herzförmigen Blättern, die an langen Trieben wachsen und sich an verschiedenen Untergründen wie Bäumen oder Zäunen festhalten können. Gerade die Ranken werden auch für die Deko sehr gerne verwendet. Außer den genannten Pflanzen eignen sich natürlich noch viele andere für die Verwendung in natürlichen Dekorationen. So ist z. B. Ilex, auch Stechpalme, genannt, wegen seines gezackten, dunkelgrün glänzenden Laubes und seiner roten oder weißen Beeren ein beliebter Bestandteil von winterlichen Gestecken, ebenso wie Mistelzweige.

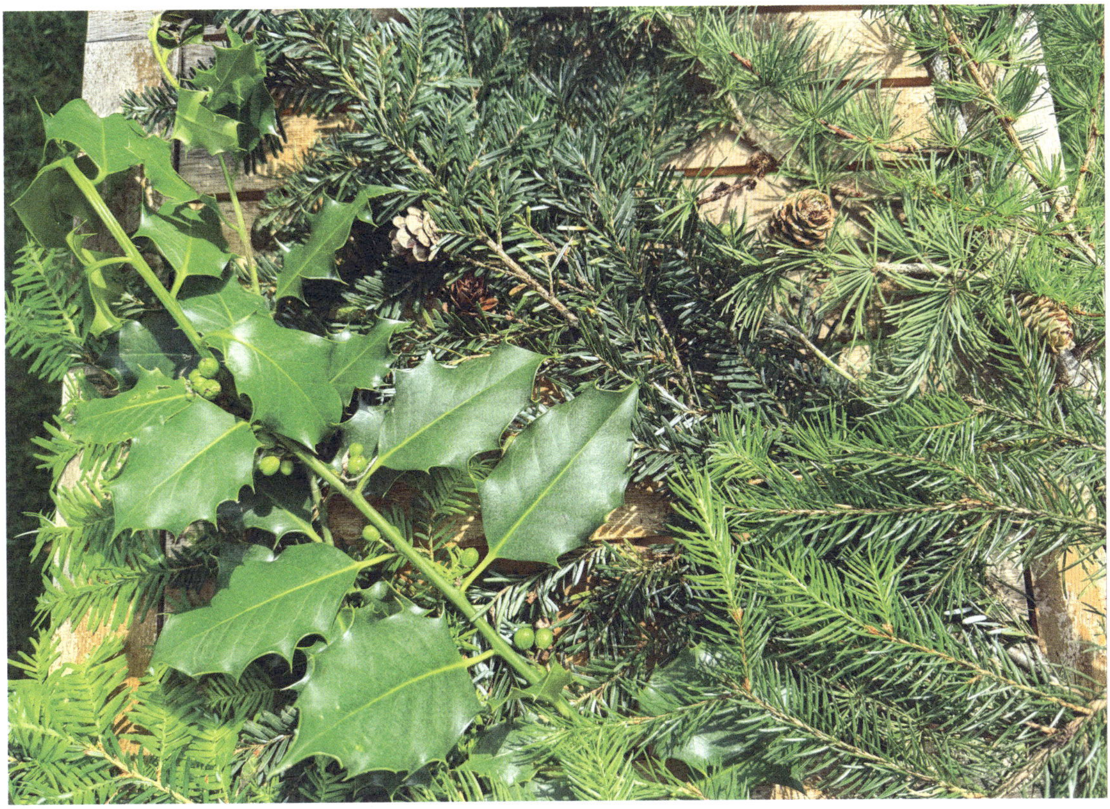

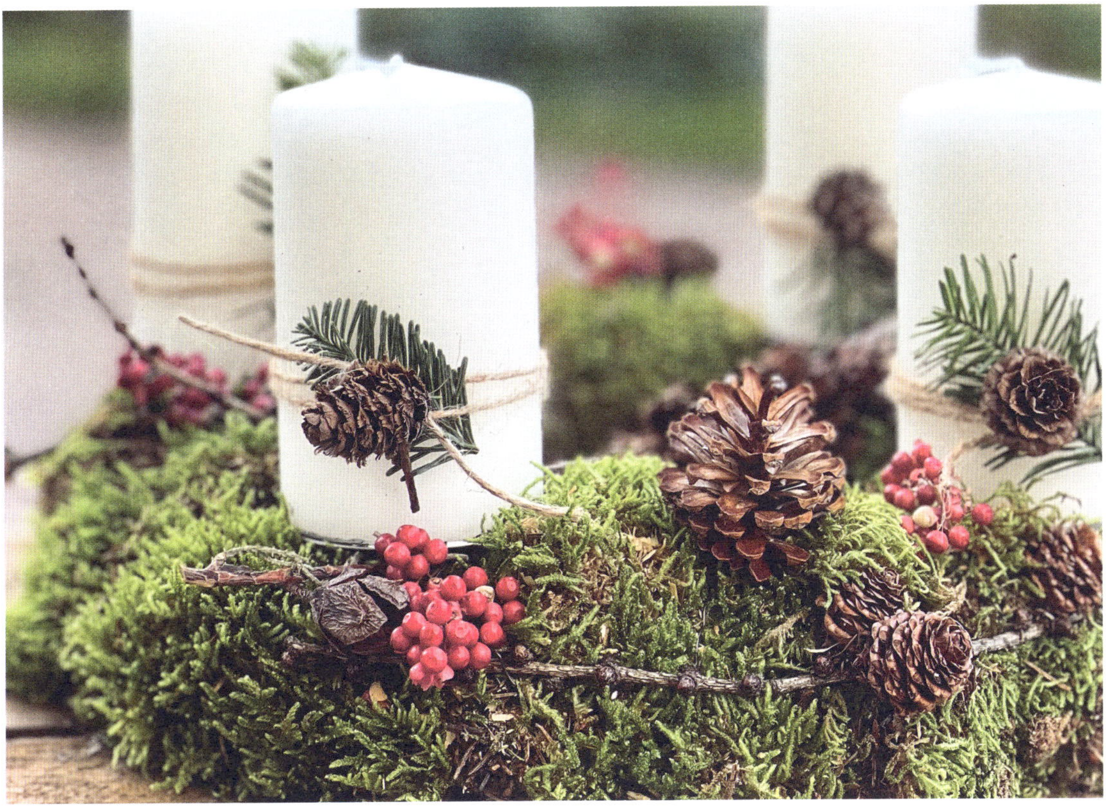

GRUNDMATERIAL ZAPFEN

Zapfen geben schon allein und unverarbeitet hübsche Deko-Accessoires ab. Beim Zusammenklauben während des Herbstspaziergangs kann man die eigene Sammelleidenschaft wunderbar ausleben!

WALDKIEFER

Die Zapfen der Waldkiefer sind länglich und schlank und haben eine braune bis rötliche Farbe. Sie sind etwa 5–10 cm lang und haben schmale, nach außen gebogene Schuppen. Diese Zapfen bleiben oft lange am Baum hängen und öffnen sich erst bei trockenem und warmem Wetter, um die Samen freizugeben.

WEYMOUTH-KIEFER

Die Zapfen der Weymouth-Kiefer sind größer und schlanker als die der Waldkiefer. Sie können bis zu 20 cm lang werden und haben lange, dünne und eng anliegende Schuppen. Die Zapfen sind meist hellbraun bis grau und haben oft einen silbrigen Schimmer. Wenn sie reif sind, öffnen sie sich, um die Samen freizugeben.

ROTFICHTE

Die Zapfen der Rotfichte sind länglich und haben eine zylindrische Form. Sie sind etwa 5–15 cm lang und haben dünne, flexible Schuppen, die nach unten gebogen sind. Ihre Färbung ist braun bis rötlich, und sie bleiben oft lange am Baum hängen. Sie öffnen sich bei Reife, um die Samen freizugeben.

DOUGLASIE

Die Douglasie hat kleine und eiförmige Zapfen von etwa 5–10 cm Länge. Die Deckschuppen ragen weit über die Samenschuppen hinaus und sind an der Spitze dreizipfelig.

EUROPÄISCHE LÄRCHE

Die Lärche ist der einzige Nadelbaum, der im Winter seine Nadeln abwirft. Dafür erfreut er uns aber mit seinen hübschen Zapfen. Sie sind klein und rundlich und haben eine grüne bis braune Farbe und etwa 2–5 cm lang. Die dünnen, flexiblen Schuppen sind nach außen gebogen. Die Zapfen bleiben oft nur für kurze Zeit am Baum hängen und öffnen sich, wenn sie reif sind, und geben die Samen frei.

Zapfen reinigen und aufbewahren

Nach dem Sammeln kann man Schmutz und Rückstände entfernen, indem man die Zapfen in einem Essigwasserbad einweicht. Dazu Wasser und 5%igen Essig im Verhältnis 2 : 1 mischen und die Zapfen für etwa eine halbe Stunde hineinlegen. Anschließend gründlich unter fließendem Wasser abspülen und an der Luft trocknen lassen.

Nach der Winter-Deko ist vor der Winter-Deko! Dafür muss man die Zapfen nicht jedes Jahr neu sammeln, sondern kann sie sehr gut wiederverwenden. Am besten in einem offenen Behälter oder Korb an einem trockenen Ort aufbewahren. So ist eine gute Luftzirkulation gewährleistet, und die Zapfen verrotten oder schimmeln nicht.

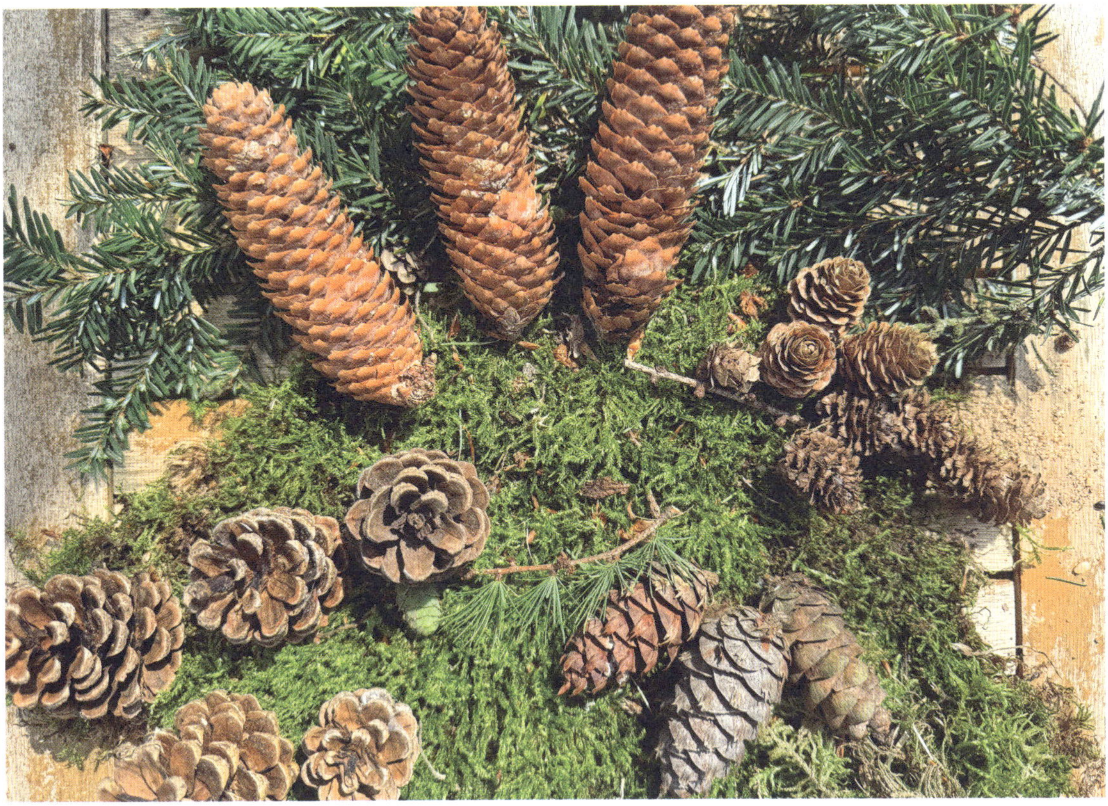

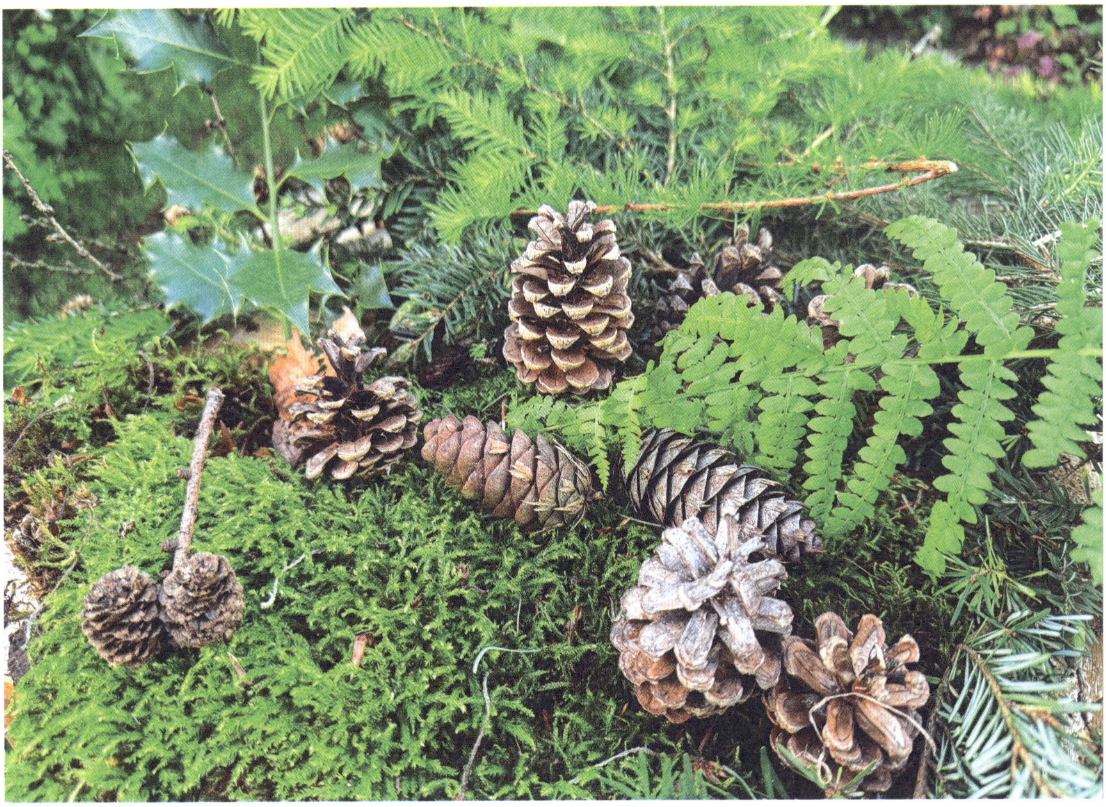

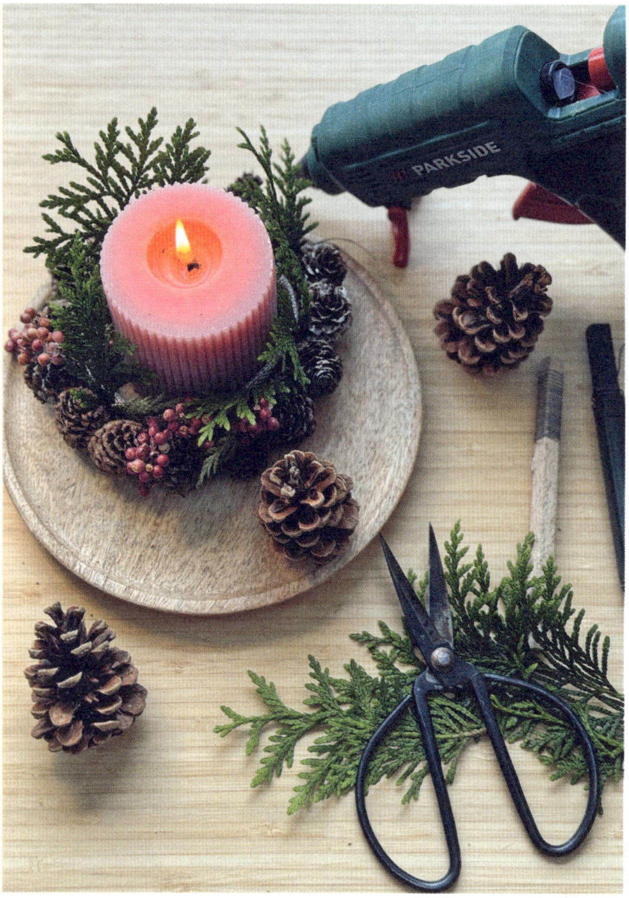

WERKZEUGE, GEFÄSSE & CO.

Dekorative Kränze, Gestecke, Arrangements und vieles mehr aus Naturmaterialien herzustellen, ist eigentlich recht einfach. Man muss nur die richtigen Ideen haben – und die zeige ich in diesem Buch – und schon kann es losgehen. Denn das benötigte Werkzeug und zusätzliche Material ist überschaubar. Bei manchen der hier gezeigten Projekte wird noch etwas anderes Material oder Werkzeug gebraucht, aber dies hier ist schon eine gute Grundausstattung.

HILFREICHE WERKZEUGE UND ANDERES MATERIAL

Die meisten dieser Dinge sind wahrscheinlich ohnehin schon in deinem Haushalt vorhanden, die übrigen, etwa die Patenthaften oder die Kranzrohlinge, erhältst du im Blumenfachhandel und auch in Kreativfachgeschäften.

Eine Gartenschere brauchst du zum Zurechtschneiden und Anschneiden von Zweigen. Achte darauf, dass die Schere scharf ist, sonst zerdrückst du die Zweige beim Schneiden. Mit der Gartenschere kannst du auch Blumen- und Bindedraht schneiden.

Eine Küchenschere schneidet feine Zweigchen und dünne Blumenstiele. Auch für Kordel und Deko-Bänder ist sie die richtige Wahl.

Mit Blumen- und Deko-Draht kann man Kränze und Sträußchen binden und verschiedene Deko-Accessoires z. B. an einem Kranz befestigen.

Kordel und auch Deko-Bänder halten deine Kreation zusammen, sorgen für eine Aufhängung und sind generell ein hübsches Deko-Element. Kordel wirkt rustikal, Deko-Band etwas feiner.

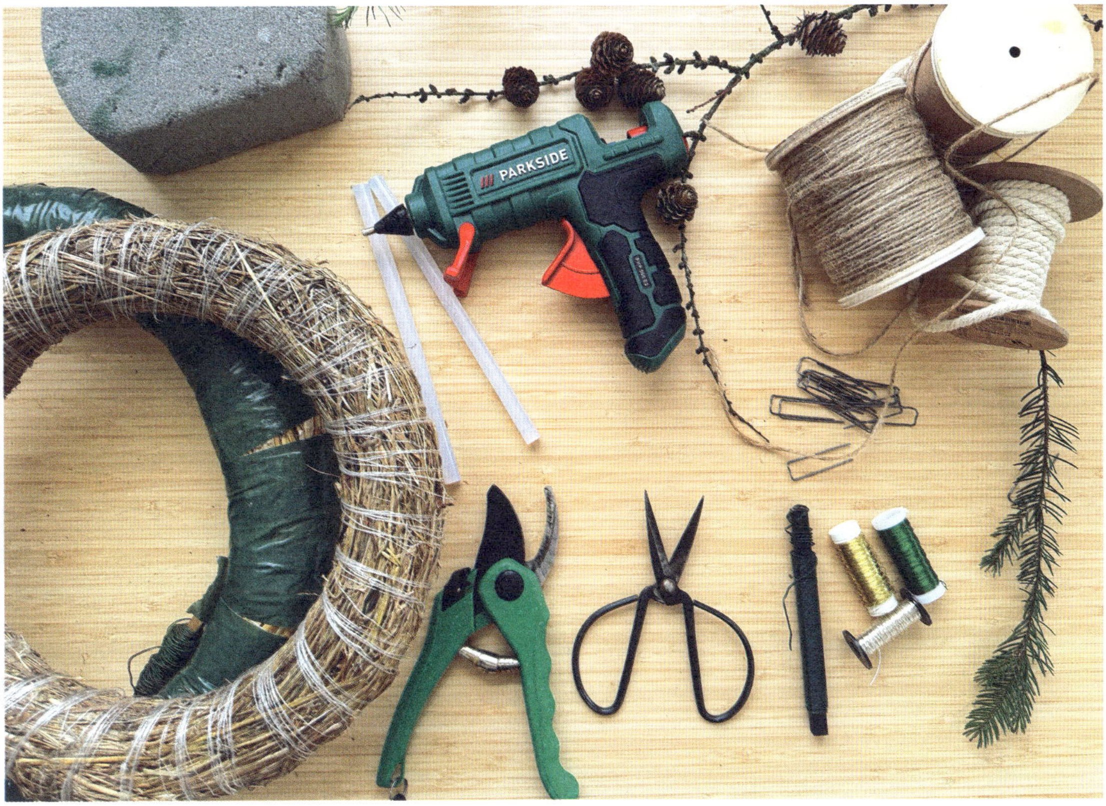

KRANZROHLINGE UND STROHRÖMER

Mit Patenthaften kann man Zweige, Blumen und andere Elemente auf Kranzrohlingen feststecken.

Die Heißklebepistole ist geliebt und gehasst zugleich. Das Kleben mit Heißkleber gehört zu den schnellsten Methoden, um Materialien verschiedenster Art miteinander zu verbinden. Schon nach einer sehr kurzen Trocknungszeit entsteht eine äußerst stabile Klebeverbindung. Bei hohen Temperaturen kann der Kleber allerdings weich werden und sich lösen. Und Vorsicht: Achte darauf, dich nicht zu verbrennen!

Kranzrohlinge und Strohrömer sind äußerst praktisch als Basis für einen Kranz. Sie geben dem Kranz Volumen, Form und Stabilität, und du musst sie nur noch rundherum mit Zweigen und anderem Deko-Material abdecken. Fixiert wird das Material entweder mit Patenthaften oder mit Blumendraht.

Immer bereithalten:
Eine Gartenschere und eine Küchenschere brauchst du eigentlich bei jeder Deko-Idee, die ich hier zeige. Daher sind sie beim benötigten Material nicht genannt. Lege sie einfach immer bereit.

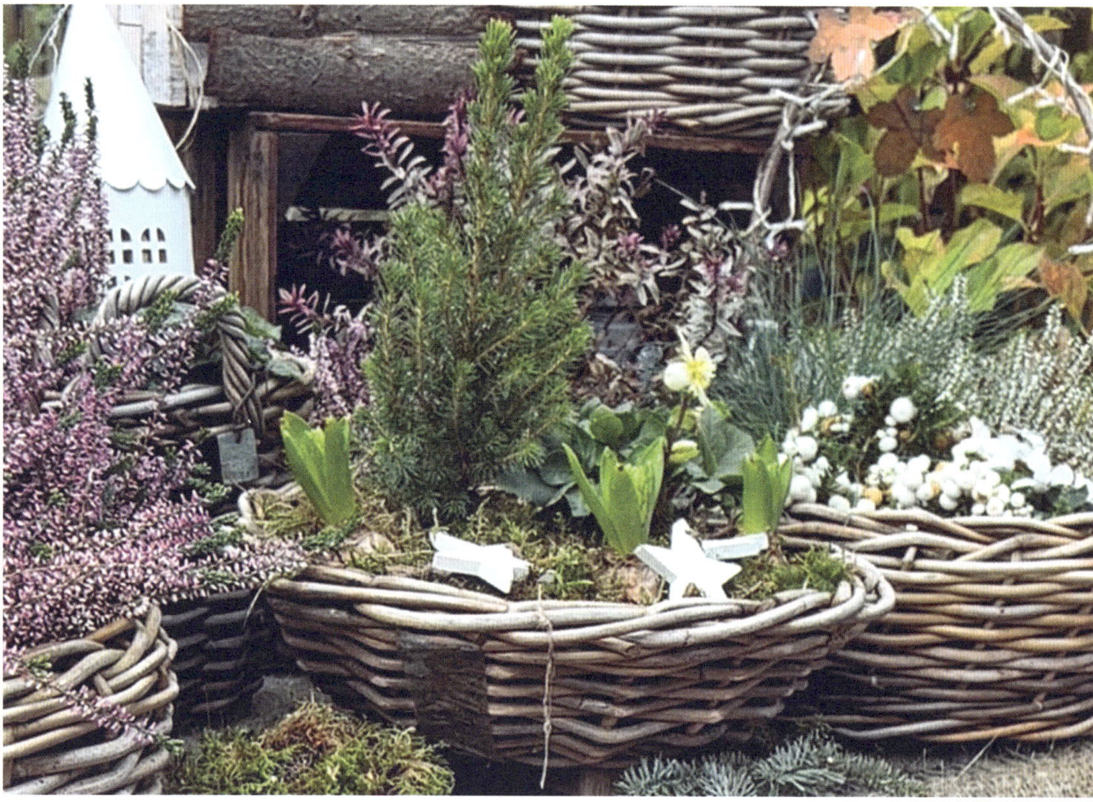

GEFÄSSE

Für unsere Deko-Projekte mit Naturmaterialien sind die verschiedensten Gefäße geeignet. Hier kann man der Fantasie wirklich freien Lauf lassen! Wenn du das Gefäß im Haus aufstellen möchtest, solltest du nur darauf achten, dass es wasserdicht ist, damit die Oberfläche, auf der es steht, nicht beschädigt wird.

FÜR DIE DEKO IN DIESEM BUCH WURDEN FOLGENDE GEFÄSSE VERWENDET:

Glas, Porzellan oder Keramik

- flacher Pflanztopf – weiß, Ø 30 cm × 12 cm
- Glasvase/Windlicht mit Fuß Ø 16 cm × 20cm
- Tortenplatte mit Fuß, Ø 29 cm × 9 cm

Holz

- Deko-Tablett, Ø 29 cm × 4 cm
- Deko-Teller aus Mangoholz, Ø 29,5 cm
- Ziegelform, 31 × 15 × 9,5 cm

Metall

- Zinkeimer

Korb, Weide, Rattan

- Drypot, Ø 32 cm × 14 cm
- Rattan-Pflanzschale, Ø 40 cm × 12 cm
- Tischkorb / Tablett Rattan, Ø 40 cm × 16 cm

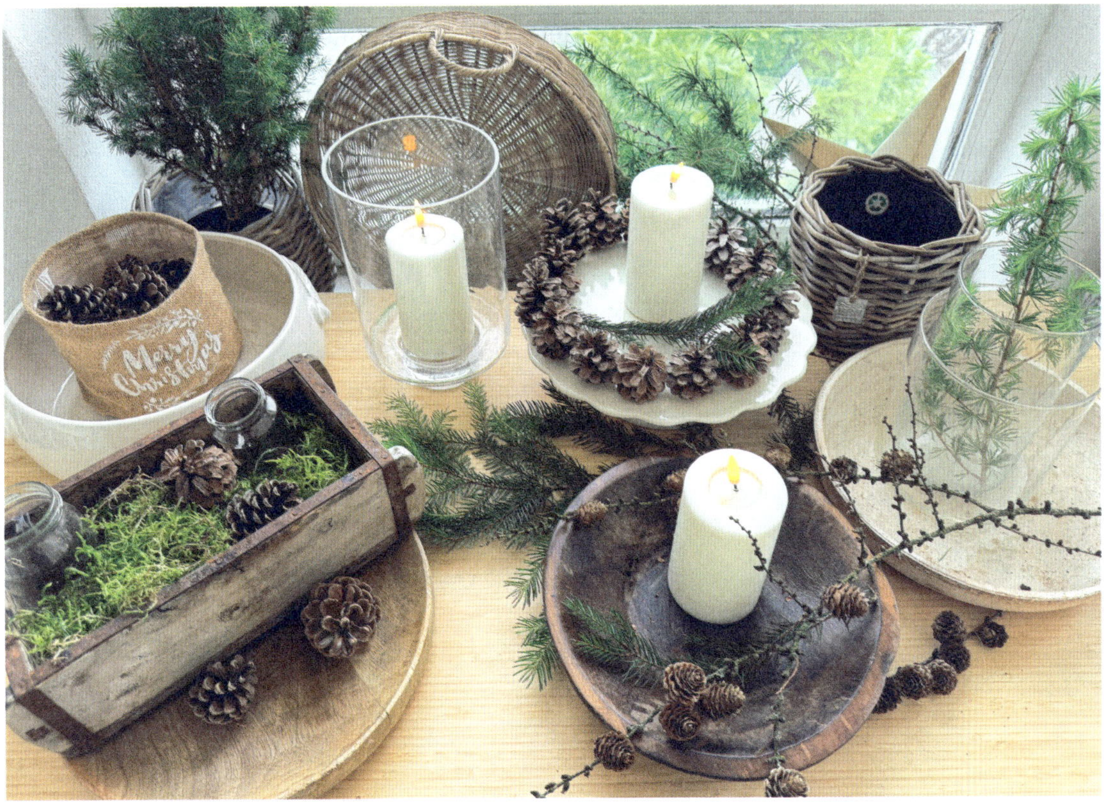

Gefäße aus Glas, Porzellan und Keramik haben den Vorteil, dass sie wasserfest sind. Glas ermöglicht außerdem aufgrund seiner Transparenz besonders interessante Arrangements. Möchte man solche Gefäße im Freien aufstellen, ist aber bei Minusgraden Vorsicht geboten: Gerade Keramik ist oft nicht frostfest, und in den Gefäßen stehendes Wasser kann sie beim Gefrieren sprengen.

Gefäße aus Metall sind hier deutlich unkomplizierter. Zinkeimer und -wannen rosten nicht und sind daher auch für die Verwendung im Freien geeignet.

Holz als Material für Gefäße wirkt am wärmsten und natürlichsten. Weil es nicht wasserfest ist, muss man bei »nassen« Dekorationen mit Steckschaum etc. darauf achten, sie zuvor mit Folie auszuschlagen oder andere Gefäße hineinzustellen.

Dasselbe gilt auch für Korb, Weide und Rattan. Hier gibt es bereits mit Folie versehene Pflanzkörbe oder sogenannte Drypots aus hochwertiger und nachhaltig geernteter Weide und einem wasserdichten Innengefäß.

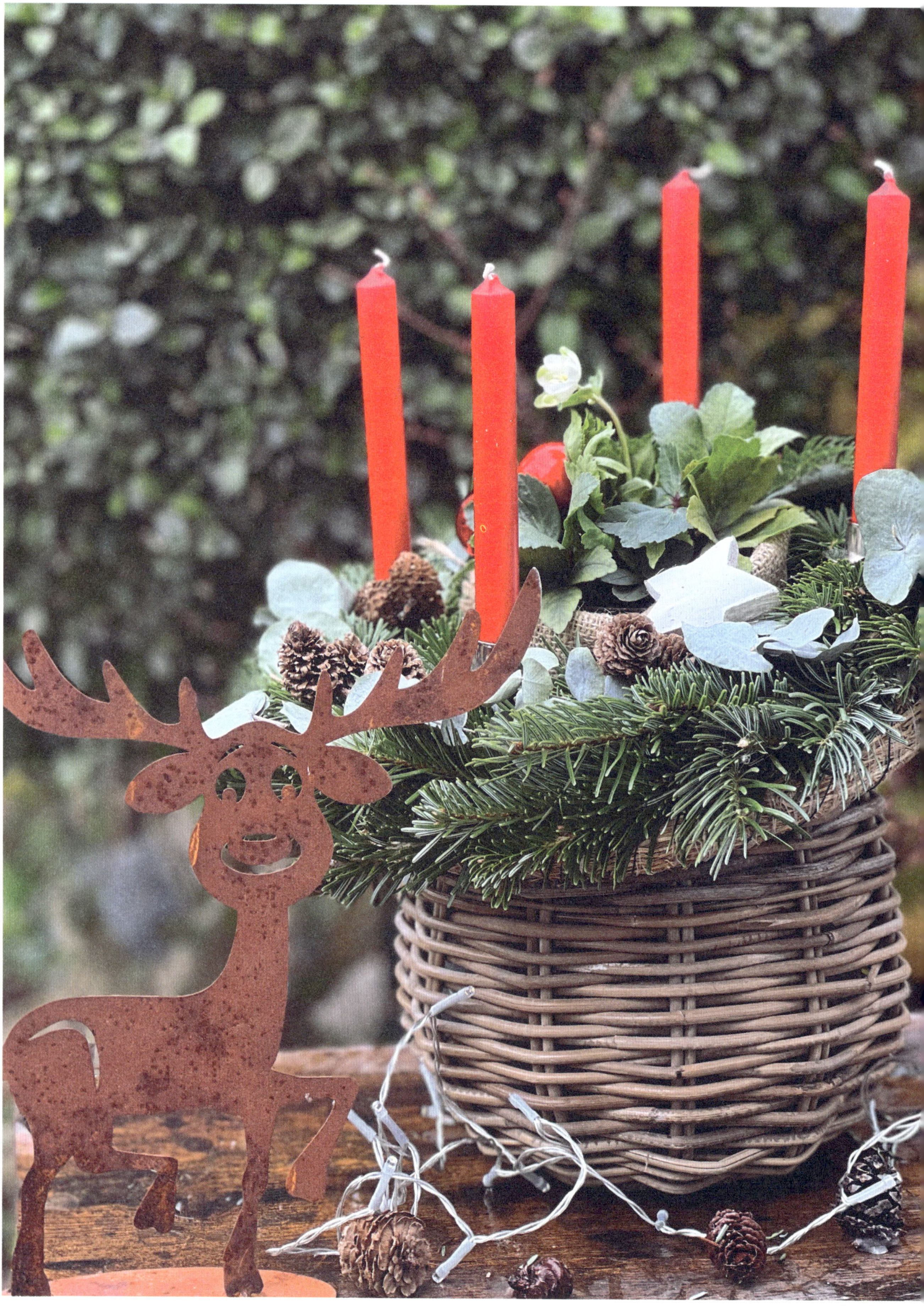

ADVENTSKRÄNZE – DEKORATIV UND NACHHALTIG

Adventskränze sind eine schöne Tradition, um die Vorfreude auf Weihnachten zu steigern. An jedem Advent wird eine weitere Kerze entzündet, bis am vierten Advent alle vier Kerzen leuchten.

Die Kränze lassen sich sehr schön und ohne viel Aufwand nachhaltig gestalten, man muss nur die richtigen Materialien wählen. Neben einem traditionell aus Tannenzweigen gebundenen Kranz kann man etwa einen Kranz aus Zapfen oder Moos basteln. Auch bei der Dekoration bieten sich natürliche Materialien an, wie getrocknete Orangenscheiben, Zimtstangen, Zapfen oder getrocknete Beeren. Diese geben dem Kranz einen harmonischen Natur-Look und verströmen dazu noch einen angenehmen Duft.

GRUNDANLEITUNG KRANZ BINDEN

Natürlich kann man einen fertig gebundenen Kranz kaufen. Doch das ist gar nicht nötig, denn ein Kranz aus Tannen- oder Kiefernzweigen lässt sich recht einfach selbst binden. Hier zeige ich einen Kranz, der auf einem Strohrömer als Unterlage aufbaut.

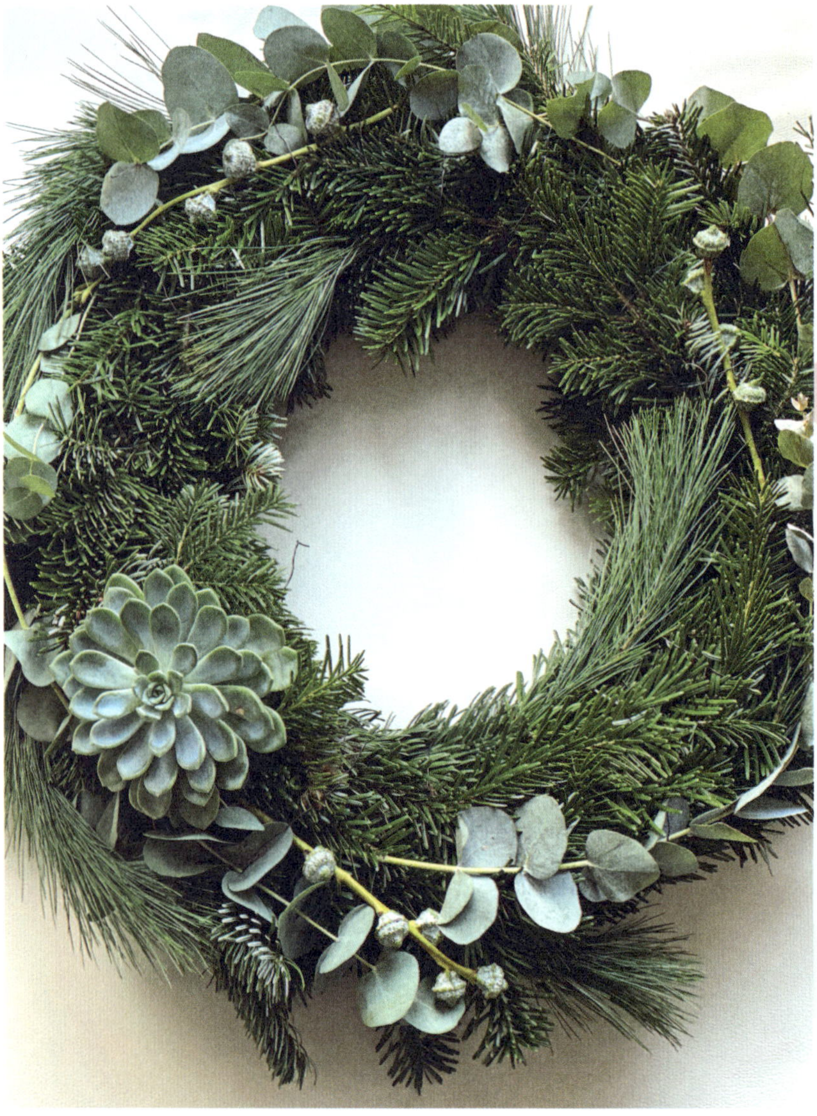

BENÖTIGTES MATERIAL

- 1 Strohrömer
- mehrere Zweige Tanne, Kiefer etc.
- Kranz- oder Römerwickelband
- Binde- oder Blumendraht in Grün

SO WIRD'S GEMACHT

Zuerst das Römerwickelband um den Strohkranz wickeln. Darauf achten, dass das Stroh vollständig verdeckt wird.

Den Basteldraht einmal um den Kranz wickeln und das Ende mehrmals verzwirbeln, um den Draht am Kranz zu befestigen. Das Ende in den Strohkranz stecken, damit du dich nicht stichst.

Von den Tannen- oder Kiefernzweigen kleinere Stücke mit einer Länge von 15–20 cm abschneiden. Dabei darauf achten, dass schöne Spitzen entstehen.

Den ersten Zweig längs auf den Rohling legen. Den Rohling festhalten und den Draht ein- bis zweimal fest um den Kranz und den Zweig wickeln.

Bei 9 Uhr beginnen und gegen den Uhrzeigersinn arbeiten. Als Rechtshänderin den Rohling in der linken Hand halten und mit rechts binden. Als Linkshänderin andersherum und mit dem Uhrzeigersinn arbeiten.

Mit dem nächsten Zweig fortfahren, dabei die weiteren Zweige dachziegelartig auf die vorherigen legen, sodass die Spitzen die Enden der bereits angebundenen Zweige verdecken. Außen um den Kranz herum größere Zweige verwenden und innen kürzere.

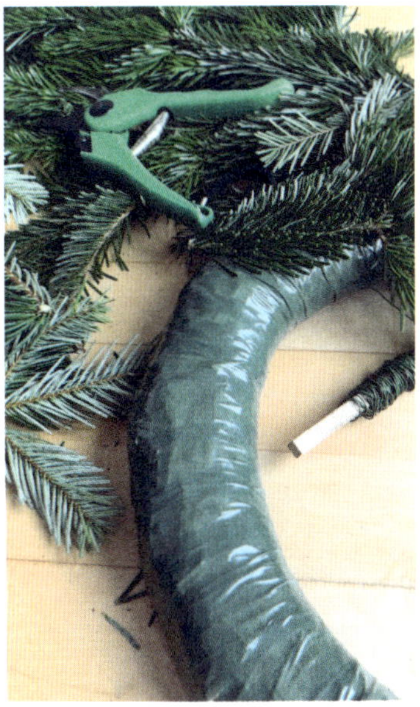

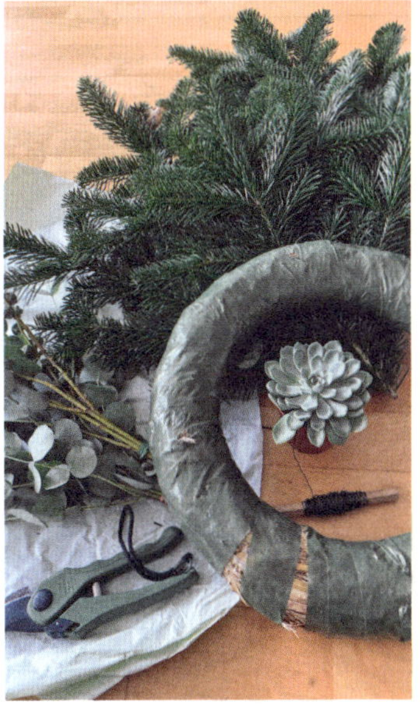

Fortfahren, bis der Römer gleichmäßig mit Zweigen bedeckt ist. Dann die letzten Zweige vorsichtig unter die ersten schieben. Den Kranz umdrehen, den Draht auf der Rückseite zum Fixieren verzwirbeln und das Ende in den Strohkranz stecken.

Sei kreativ!
Ein selbst gebundener Kranz muss nicht nur aus Nadelgrün bestehen. Sei kreativ und binde andere Naturmaterialien mit ein oder stecke sie mit Patenthaften fest. Eukalyptuszweige z. B. passen hier ebenso gut wie kleine Echeverien.

EDLER ADVENTSKRANZ MIT EUKALYPTUS

Jedes Jahr, wenn der November anbricht, beginnt die Suche nach dem perfekten Adventskranz. Ein wahrer Trendsetter ist seit Jahren der Tannenkranz, verziert mit frischem, silbrig-grünem Eukalyptus und zartem Schleierkraut. Ein Vorteil dieses Designs ist seine Vielseitigkeit: Die schlichte Farbkombination aus Grün und Weiß harmoniert mit nahezu jeder Art von Dekoration und trocknet auch schön ein.

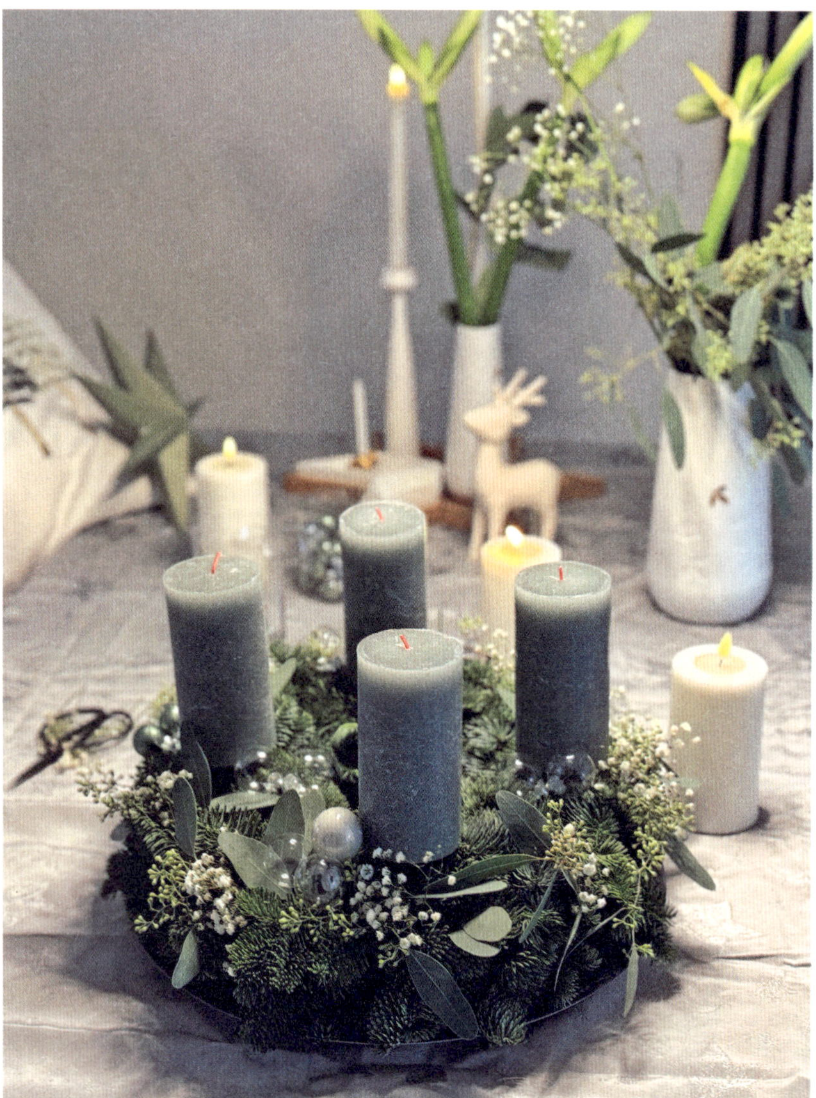

BENÖTIGTES MATERIAL

- 1 selbst gebundener oder fertiger Kranz, Ø 40 cm
- 2–3 Zweige Eukalyptus 'Populus'
- 1 Stiel Schleierkraut in Weiß
- 4 Kerzenhalter für Stumpenkerzen mit Dorn
- 4 Kerzen, Ø 10 cm, in Jadegrün
- 4–6 Christbaumkugeln, Ø 2 cm, in Weiß,
- 10 Christbaumkugeln, Ø 3,5 cm, durchsichtig
- 6–8 Christbaumkugeln, Ø 2 cm, in Grün
- Blumendraht
- Patenthaften

SO WIRD'S GEMACHT

Den Eukalyptus 'Populus' in kleine Stücke mit jeweils 4–5 Blättern schneiden.

Kleine Bündel Schleierkraut vorbereiten und mit Blumendraht zusammenbinden.

Den Eukalyptus und das Schleierkraut abwechselnd rundum in den Kranz stecken.

Anschließend die vier Kerzenhalter in gleichmäßigen Abständen oben in den Kranz stecken.

Jeweils 3 Christbaumkugeln auf eine Patenthafte fädeln und um die Kerzenhalter herum in den Kranz stecken.

Abschließend die Kerzen auf die Halter setzen. Dabei darauf achten, dass sie sicher, fest und aufrecht stehen.

Vorsicht Brandgefahr!
Damit vom Adventskranz keine Brandgefahr ausgeht, die Kerzen richtig befestigen. Trotzdem solltest du die Kerzen niemals unbeaufsichtigt brennen lassen!

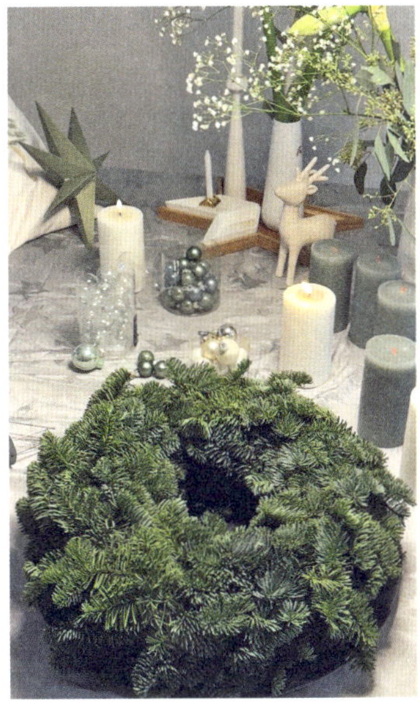

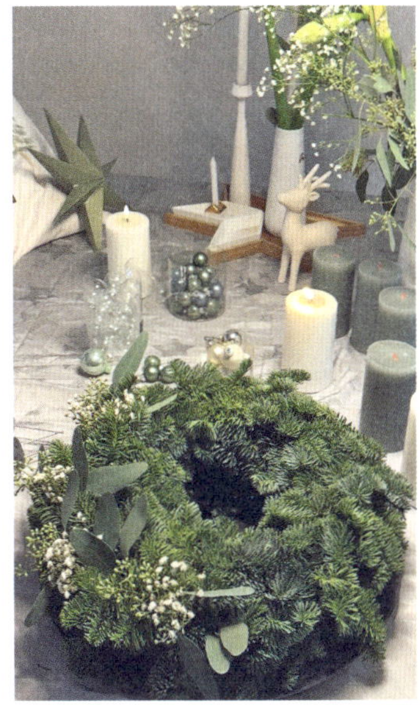

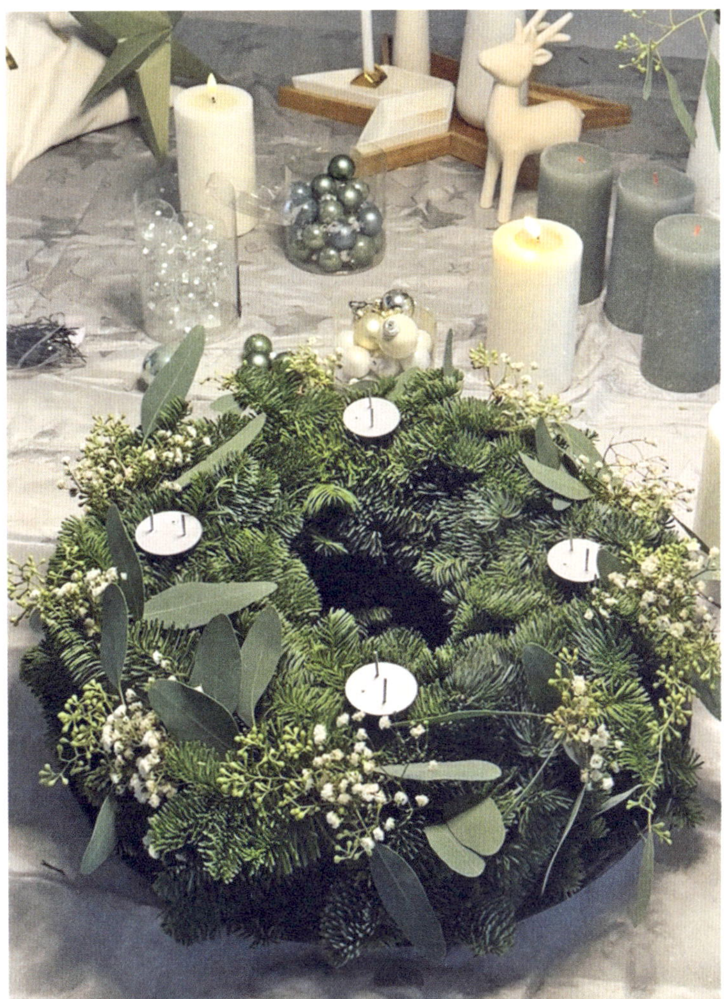

ADVENTSKRANZ AUS MOOS

Dieser Adventskranz bringt den Zauber des winterlichen Waldes direkt nach Hause. Er besticht durch seine natürliche Schönheit und ist lediglich mit Lärchenzapfen und Pfefferbeeren dezent verziert.

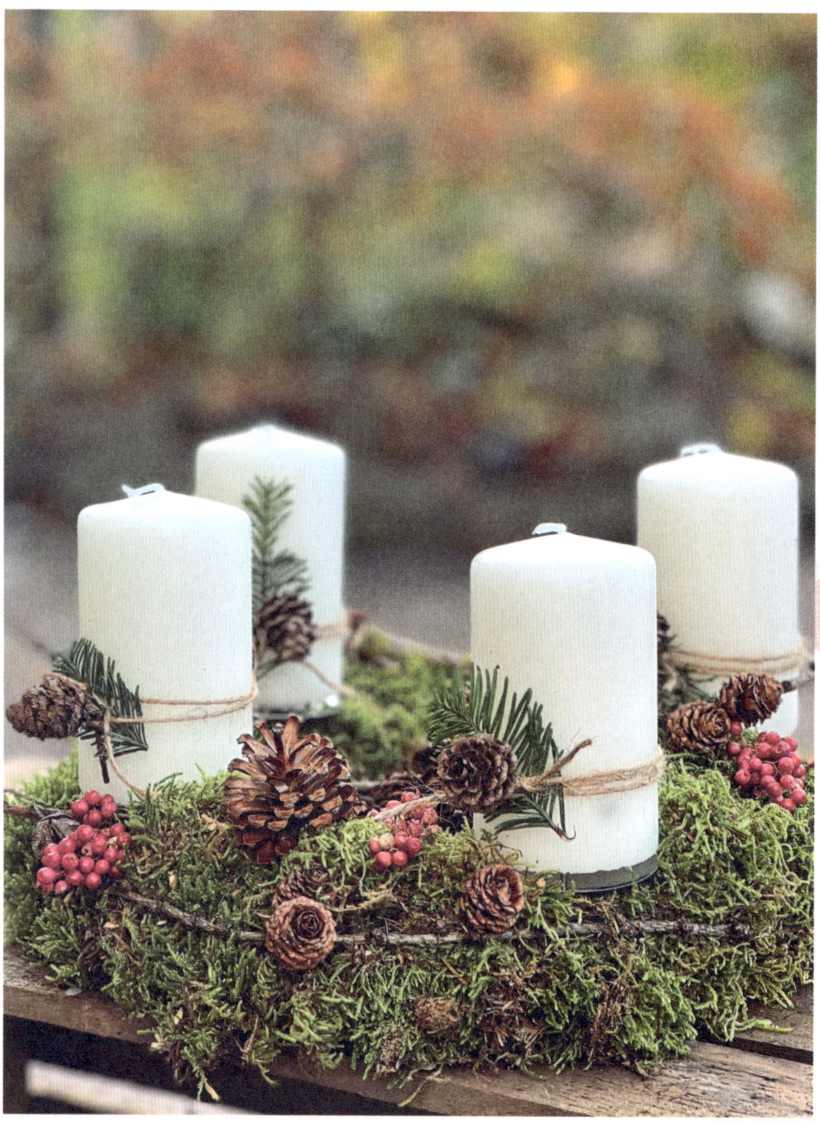

BENÖTIGTES MATERIAL

- 1 Strohrömer, Ø 30 cm
- 1 Kiste frisches Moos, ca. 1 kg
- 2 Zweige Lärche mit Zapfen
- 4 Zapfen
- 1 Bund rosa Pfefferbeeren
- 4 Tannenzweigspitzen
- Juteschnur
- 4 Kerzenhalter für Stumpenkerzen
- 4 Kerzen, Ø 8 cm, in Weiß
- Blumendraht
- Patenthaften

SO WIRD'S GEMACHT

Ein Moosstück als Grundlage auf den Kranzring legen und mehrmals fest mit Blumendraht umwickeln. Der Draht muss fest genug gebunden sein, sodass das Moos darunter nicht verrutschen kann.

Das nächste Moosstück neben dem ersten platzieren. Evtl. leicht überlappen lassen, um den Kranz darunter zu verdecken. Ebenfalls mit Draht umwickeln.

Diesen Vorgang wiederholen, bis der gesamte Kranz bedeckt ist. Bei Bedarf können Stellen nachträglich ausgebessert werden.

Die vier Kerzenhalter in gleichen Abständen in den Kranz stecken. Die Lärchenzweige mit Patenthaften zwischen den Kerzenhaltern befestigen.

Die Kerzen aufsetzen und jede Kerze mit Juteschnur umwickeln. Einen Lärchenzapfen sowie eine Tannenzweigspitze anbinden.

Vorsicht:
Lasse die Kerzen nur unter Aufsicht brennen und lösche sie rechtzeitig, bevor sie zur Juteschnur oder zu den Zapfen heruntergebrannt sind! Möchtest du die Kerzen weiter abbrennen lassen, entferne vorher die Schnur und die Zapfen.

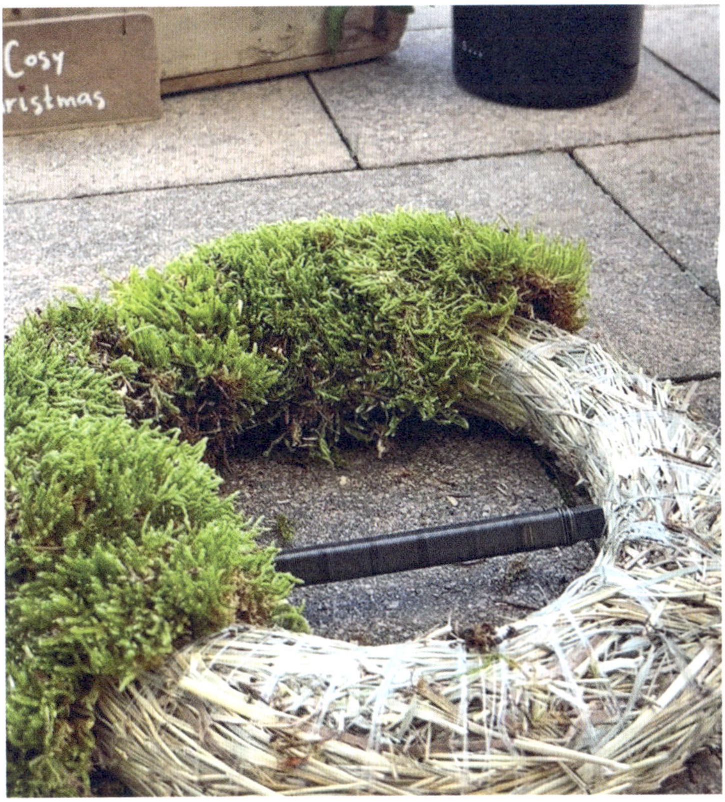

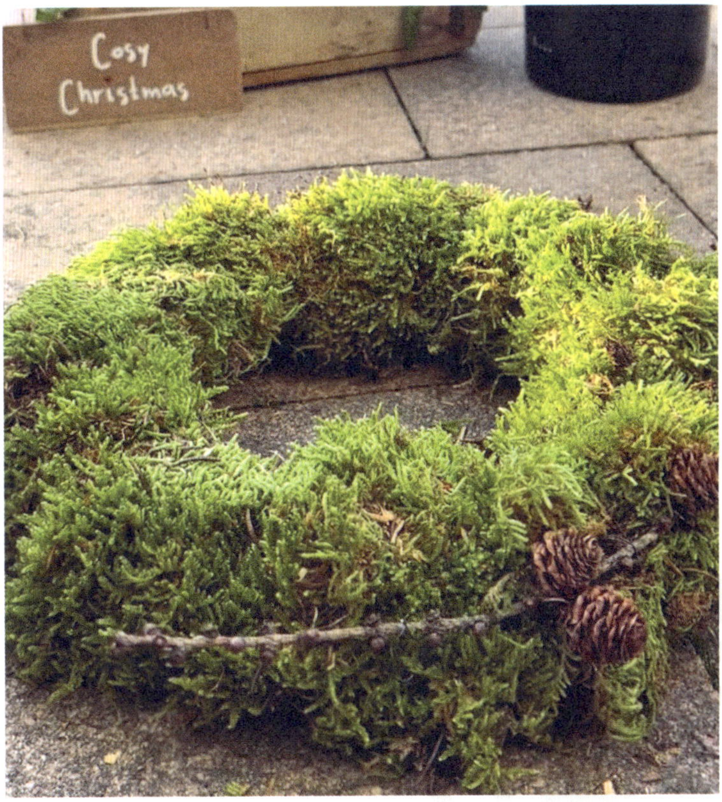

NATÜRLICHER ADVENTS-KRANZ MIT ZAPFEN

Eine weitere Variante für einen natürlichen Adventskranz ist ein Zapfenkranz. Selbst ohne Vorkenntnisse ist dieser Kranz einfach nachzumachen. Wer also einen Adventskranz sucht, der nicht nadelt und wirklich lange hält, greift zu Zapfen und Moos. In seiner natürlichen Schönheit verbreitet er eine warme und festliche Atmosphäre.

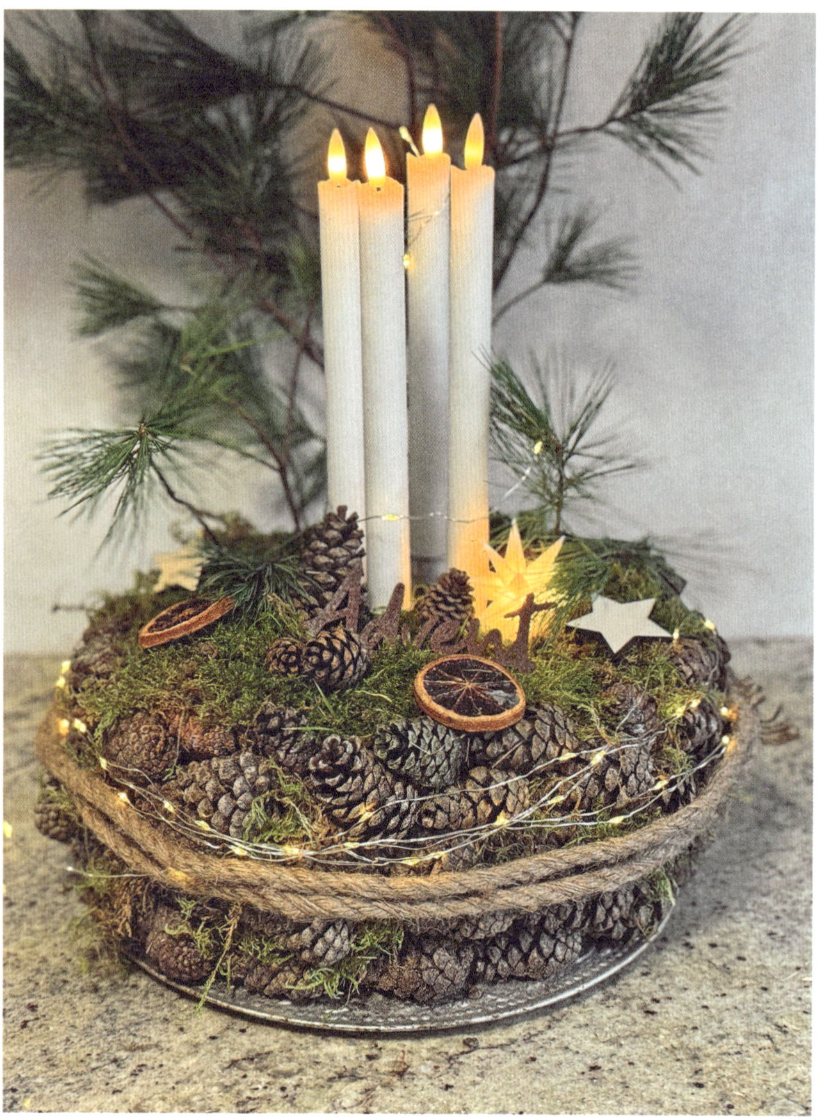

BENÖTIGTES MATERIAL

- 1 Deko-Teller
- Wellpappe, ca. 12 cm × 60 cm
- 1 Ziegel Steckschaum
- ca. 60 verschiedene Zapfen, 6–9 cm lang
- Moos
- Wabenkarton
- 4 Kerzenpicks
- 4 LED-Stabkerzen
- 1 LED-Stern, Ø 8 cm mit Batterie und Timer
- 2 Holzsterne
- 2–3 getrocknete Orangenscheiben
- 1 LED-Drahtlichterkette mit Batterie und Timer
- dicke Kordel
- Heißklebepistole

SO WIRD'S GEMACHT

Die Wellpappe passend zuschneiden und mit Heißkleber zu einem Ring zusammenkleben. Nun mit Heißkleber die Zapfen außen auf die Pappe kleben. Dabei von unten beginnen und nur möglichst kleine Lücken zwischen den Zapfen lassen.

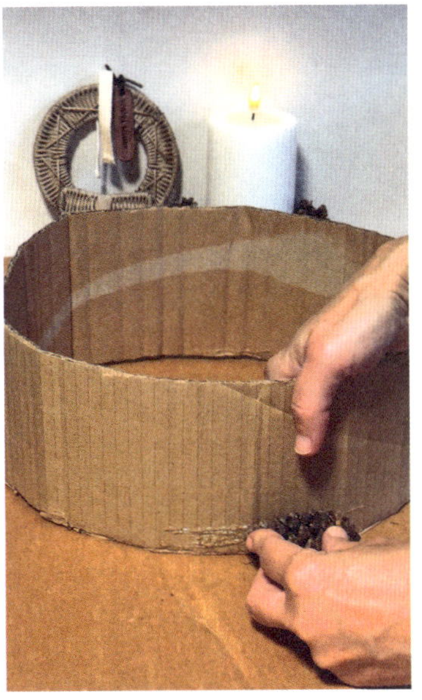

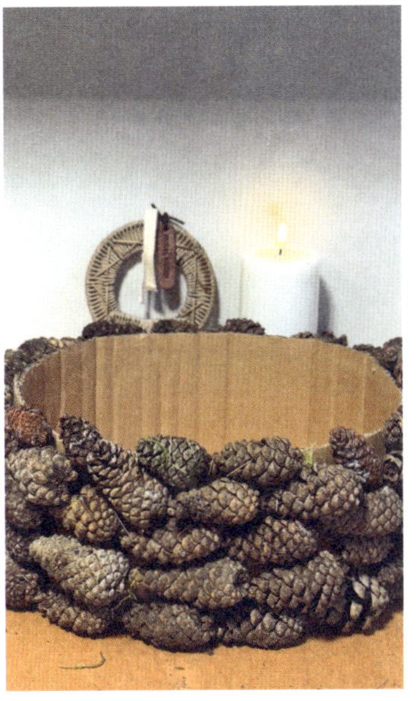

Reihe für Reihe fortfahren, bis der gesamte Pappring mit Zapfen beklebt ist. Nach oben die Zapfen etwas überstehen lassen, damit die Pappe nicht mehr zu sehen ist.

Die Lücken zwischen den Zapfen mit Moos ausstopfen und den Kranz auf den Deko-Teller legen.

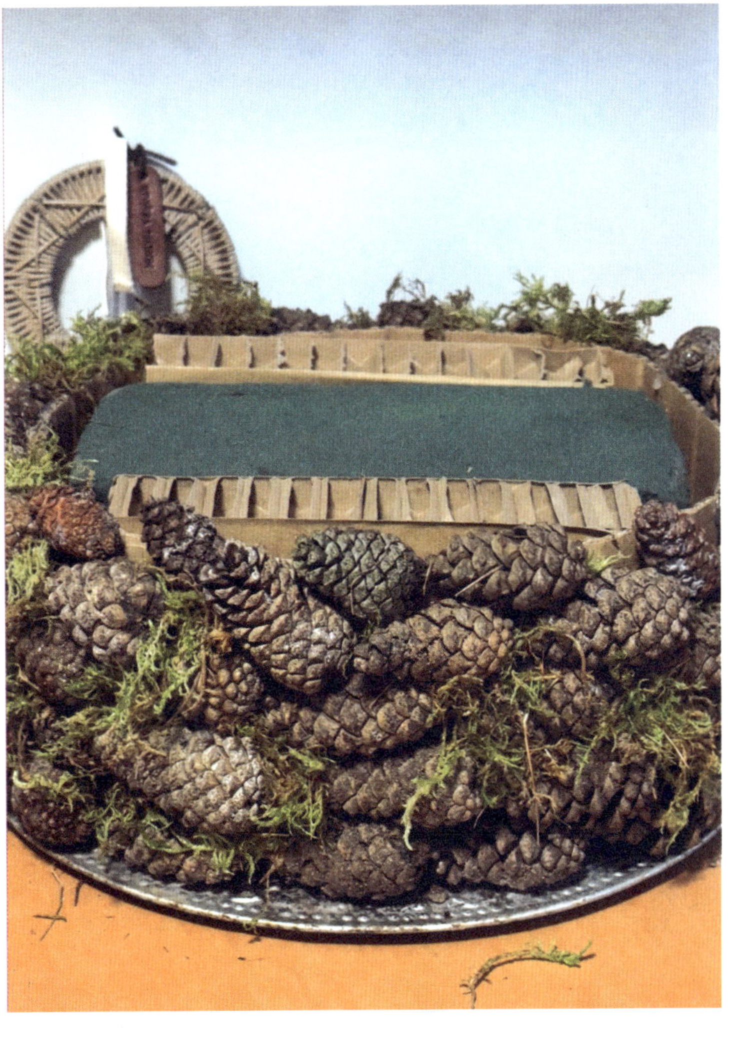

Steckschaum in die Mitte des Papprings legen und links und rechts mit Wabenkarton oder Ähnlichem auffüllen, sodass der Steckschaum im Pappring gut fixiert ist. Der Steckschaum muss nicht gewässert werden.

Den Steckschaum und den Wabenkarton mit Moos abdecken. Die 4 Kerzenpicks durch das Moos in den Steckschaum stecken und die 4 LED-Kerzen einsetzen.

Den Adventskranz mit Holzsternen, Orangenscheiben und einem kleinen LED-Stern dekorieren.

Zuletzt eine dicke Kordel und eine LED-Drahtlichterkette mehrfach um den Kranz wickeln. Das Batteriegehäuse hinter dem Kranz verbergen.

VOM ADVENTSKRANZ ZUR OUTDOOR-DEKO

Nach Weihnachten muss der eben gezeigte natürliche Adventskranz nicht entsorgt werden, sondern kann mit zwei oder drei Handgriffen in eine wunderschöne Outdoor-Dekoration verwandelt werden. Das geht natürlich auch mit den meisten anderen ausgedienten Adventskränzen. Wichtig ist nur, dass alles entfernt wird, was nicht outdoortauglich ist.

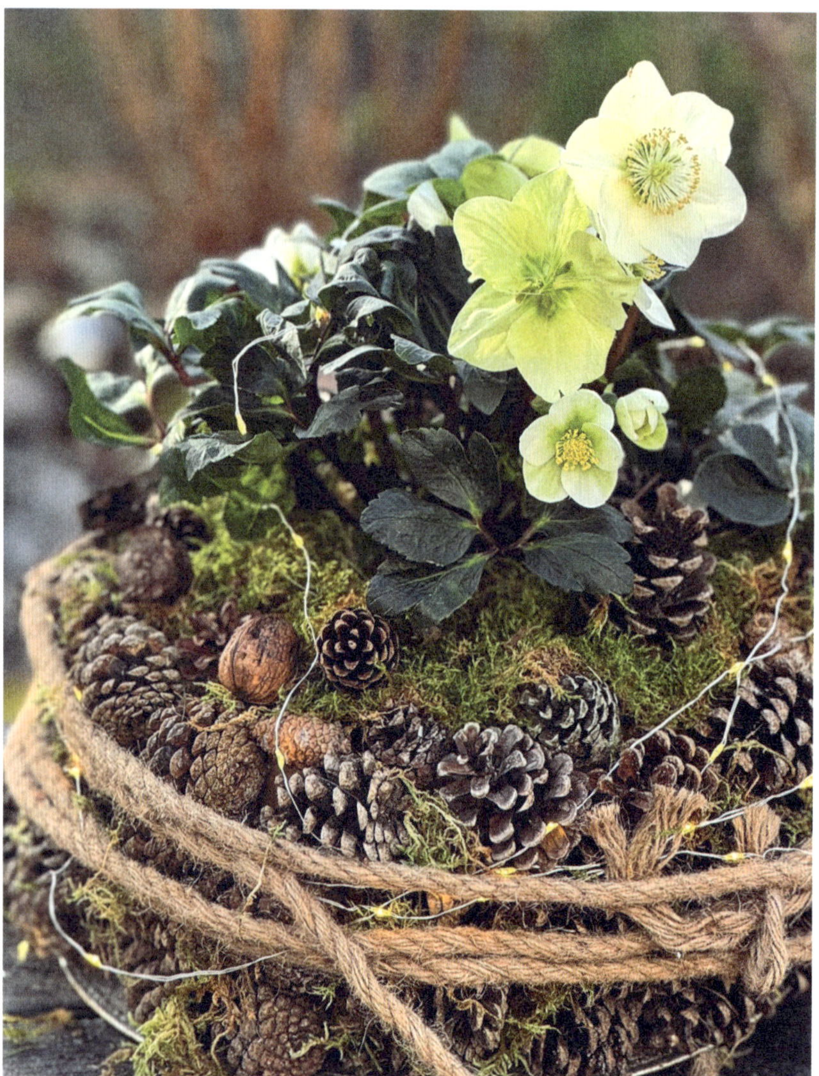

BENÖTIGTES MATERIAL

- Adventskranz von S. 27 oder ein anderer Adventskranz aus Naturmaterial
- 1 Christrose im Topf
- Moos
- 4–5 Zapfen

SO WIRD'S GEMACHT

Alle Bestandteile, die nicht outdoor-tauglich sind, wie z. B. Indoor-LED-Beleuchtung und andere Dekorationen, entfernen.

Von der Oberseite des Kranzes außerdem die Kerzenpicks, das Moos und die Streuelemente abnehmen und den Steckschaum herausnehmen.

Die Christrose im Topf in die frei gewordene Mitte setzen und die Lücken wieder mit Moos verschließen. Abschließend noch mit ein paar zusätzlichen Zapfen verzieren und vor der Haustür oder auf dem Gartentisch platzieren.

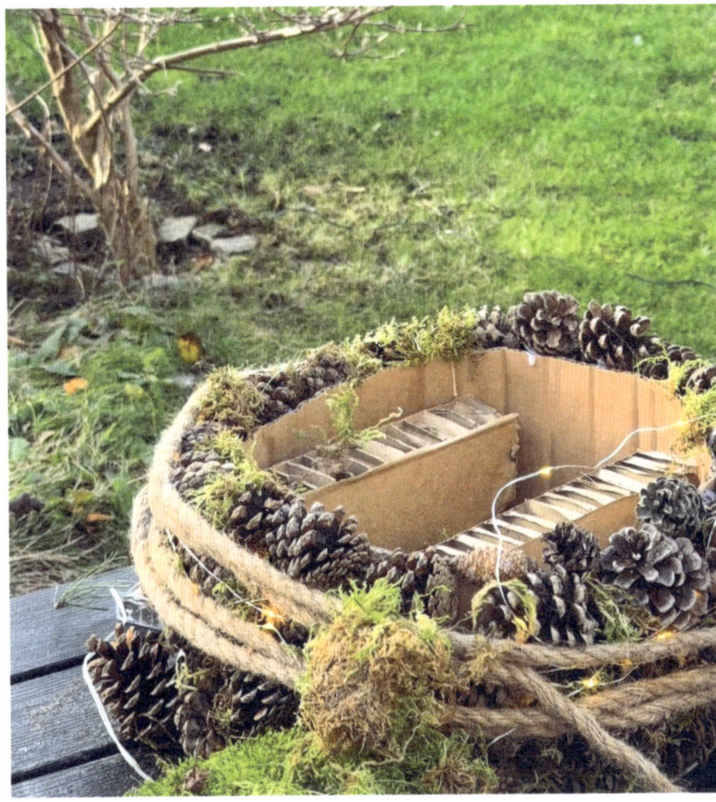

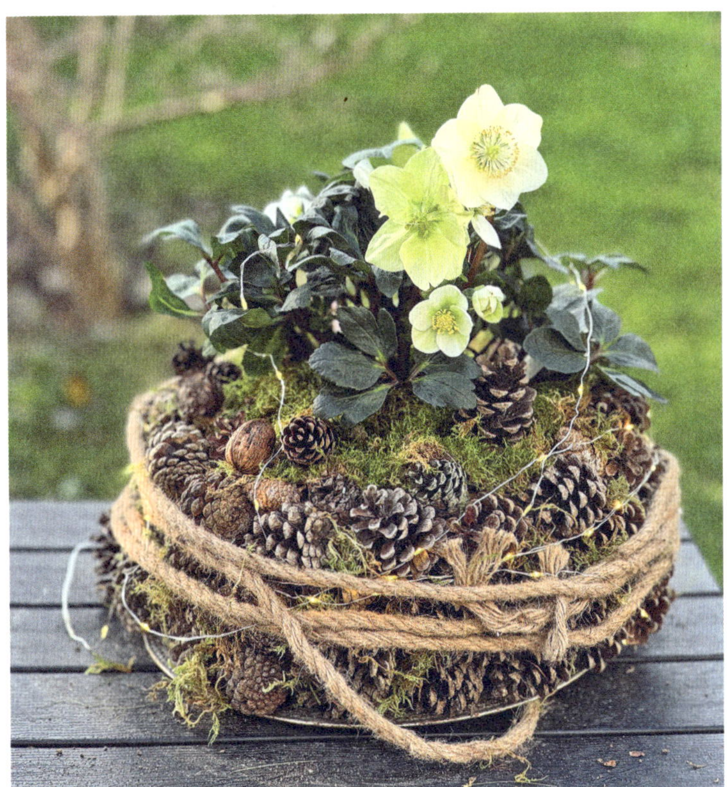

OUTDOOR-ADVENTSKRANZ

Überall im Garten leuchten Lichterketten und Sterne, die abends alles wunderbar illuminieren. Ein weiteres dekoratives Element kann auch ein Outdoor-Adventskranz sein, der den Eingangsbereich oder Garten zusätzlich verschönert.

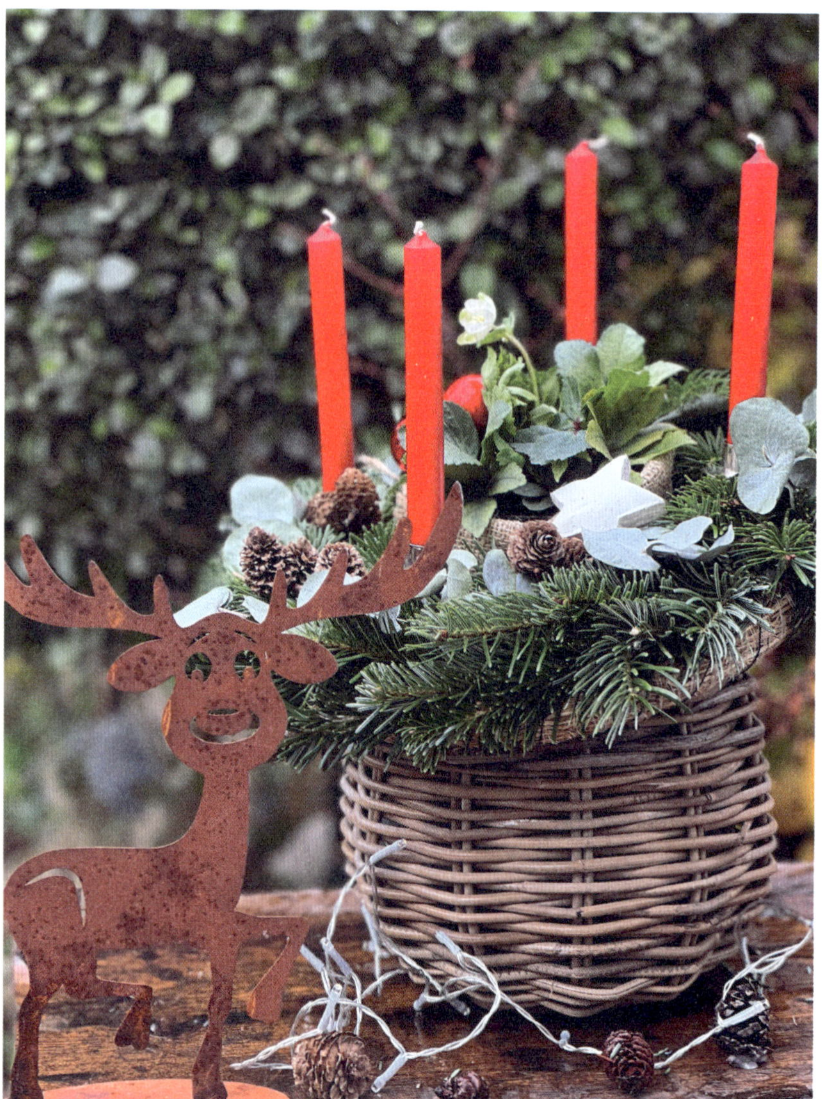

BENÖTIGTES MATERIAL

- 1 Strohrömer, Ø 30 cm
- 1 Rattan-Pflanzkorb, Ø 30 cm
- 1 Kunststoff-Pflanztopf, Ø 20 cm
- 1 Christrose mit Topf
- mehrere Zweige Tanne
- 2 Zweige Eukalyptus
- 1 Zweig Lärche
- 4 Kerzenhalter für Stabkerzen
- 4 Staberzen in Rot
- 1 Jutesack
- Blumendraht

SO WIRD'S GEMACHT

Zunächst mit dem Strohrömer und dem Tannengrün den Kranz binden (siehe S. 20). Dann mit Patenthaften die beiden Eukalyptuszweige um den Kranz befestigen.

Als Auflage für die Christrose einen leeren Kunststoff-Pflanztopf verkehrt herum, also mit der Öffnung nach unten, in den Rattan-Pflanzkorb stellen.

Den fertigen Kranz auf den Rand des Pflanzkorbs legen. Die Christrose mit Topf in einen Jutesack stecken und in der Mitte des Kranzes auf dem umgedrehten Pflanztopf platzieren.

Ordne die vier Kerzen mit Kerzenpicks rundherum in gleichmäßigen Abständen an und stecke sie in den Kranz. Zur Dekoration zusätzlich einige Lärchenzweige auf den Kranz legen.

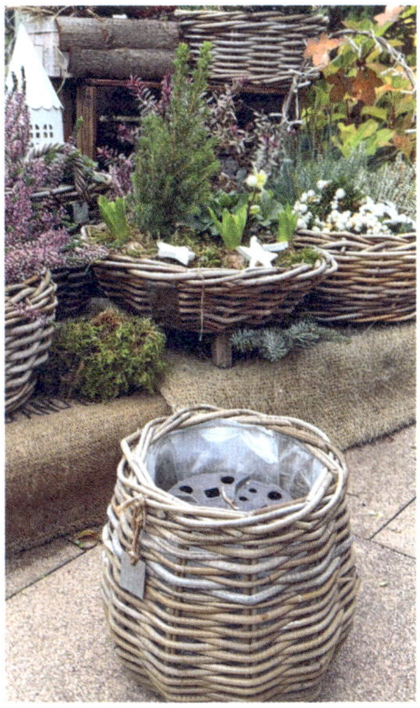

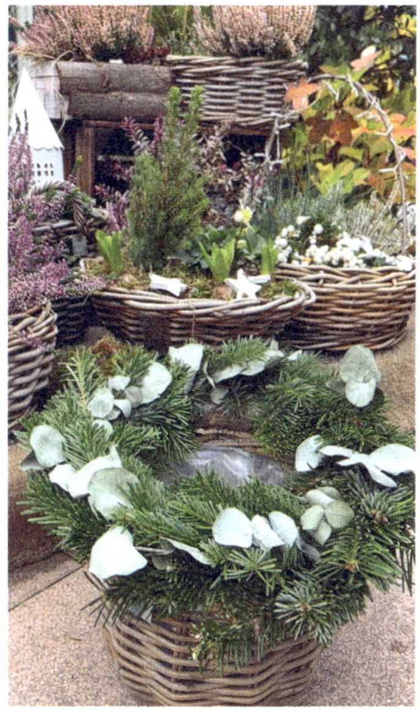

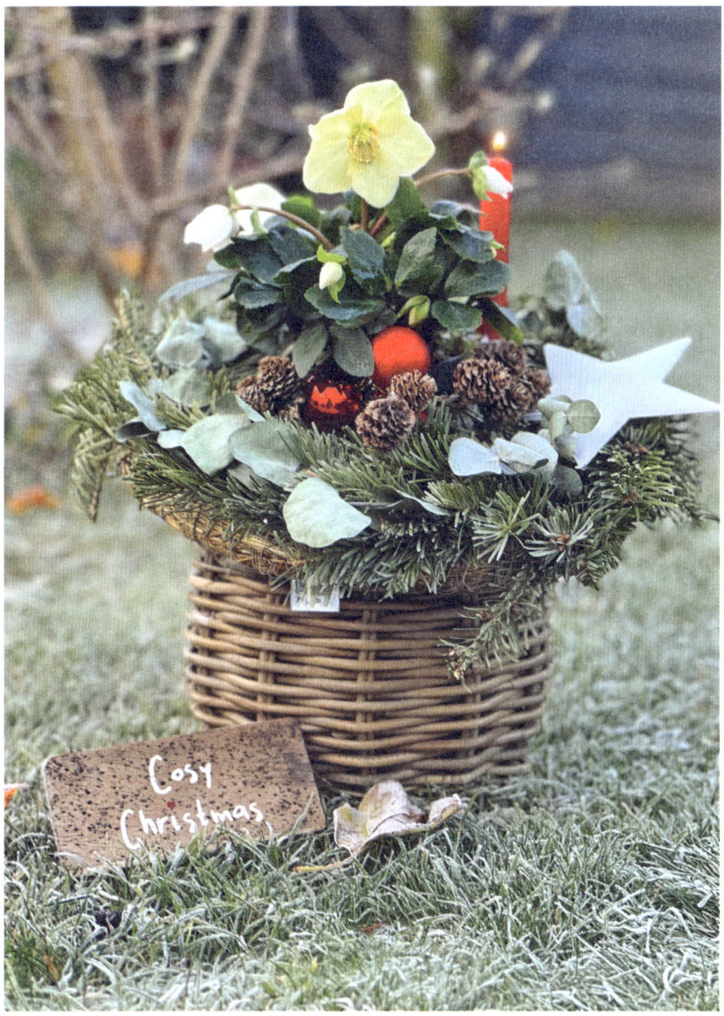

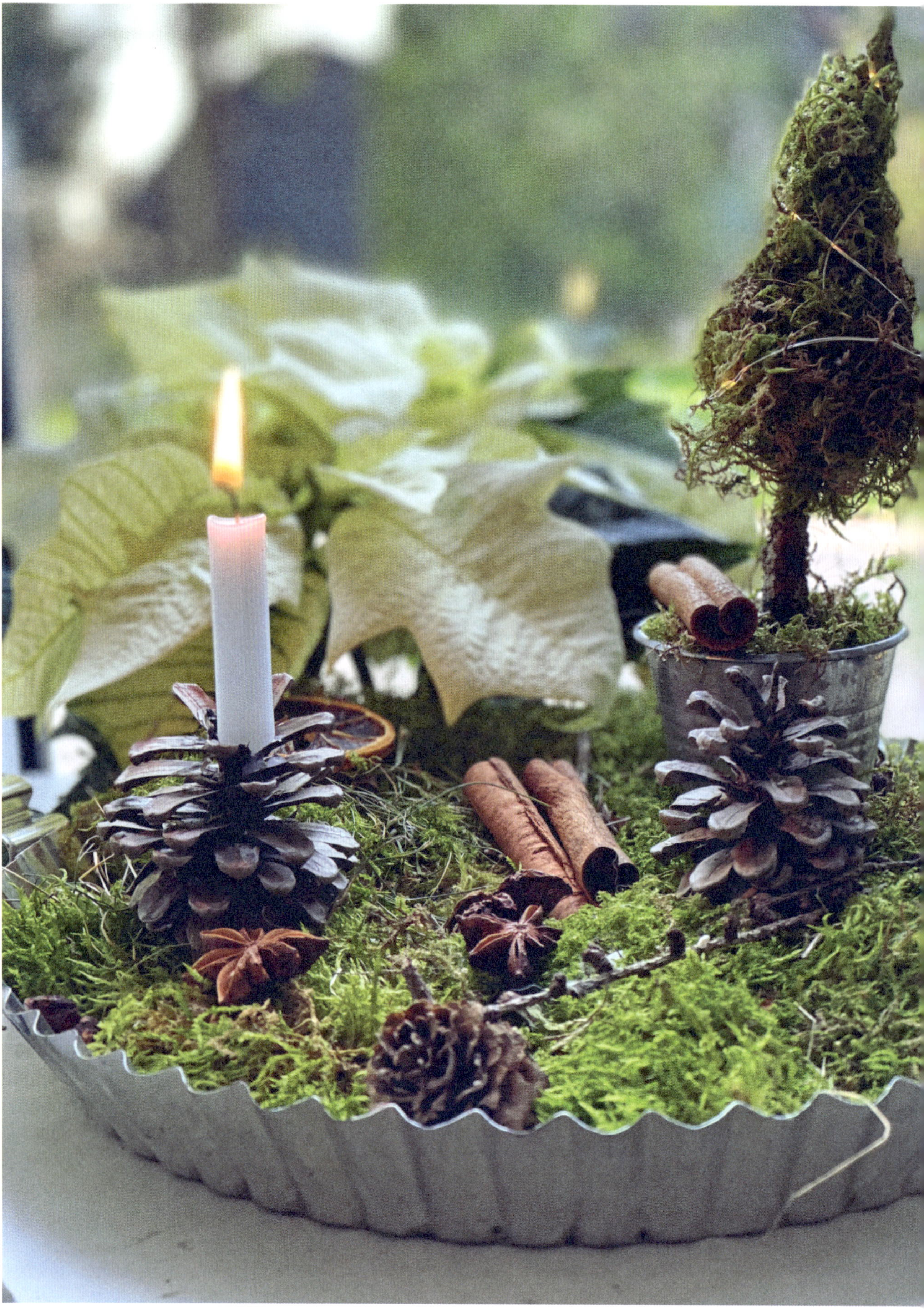

ZIPFELBÄUMCHEN

Seit ein paar Jahren kommt man um die Zipfeltanne während der Weihnachtszeit nicht mehr herum. Sie ist ein hübsches Accessoire, das einen unweigerlich zum Schmunzeln bringt, weil sie nicht so streng aufrecht steht wie ein Christbaum. Ich liebe dieses DIY, denn dafür muss kein Bäumchen sein Leben lassen und die Dekoration ist im Handumdrehen fertig.

Eine Zipfeltanne kann sehr gut als Weihnachtdekoration vor die Haustür oder auf die Terrasse gestellt werden. Aber auch drinnen macht dieser Tannenbaum in kleinerer Ausführung sogar als Tischdekoration eine gute Figur!

GROSSER ZIPFELBAUM

Diesen Bäumchen scheint jemand eine Zipfelmütze aufgesetzt zu haben – einfach entzückend! Sie passen perfekt zur Winter- und Weihnachtszeit und sind bei mir jedes Jahr ein absolutes Muss. Dazu sind sie wirklich kinderleicht herzustellen.

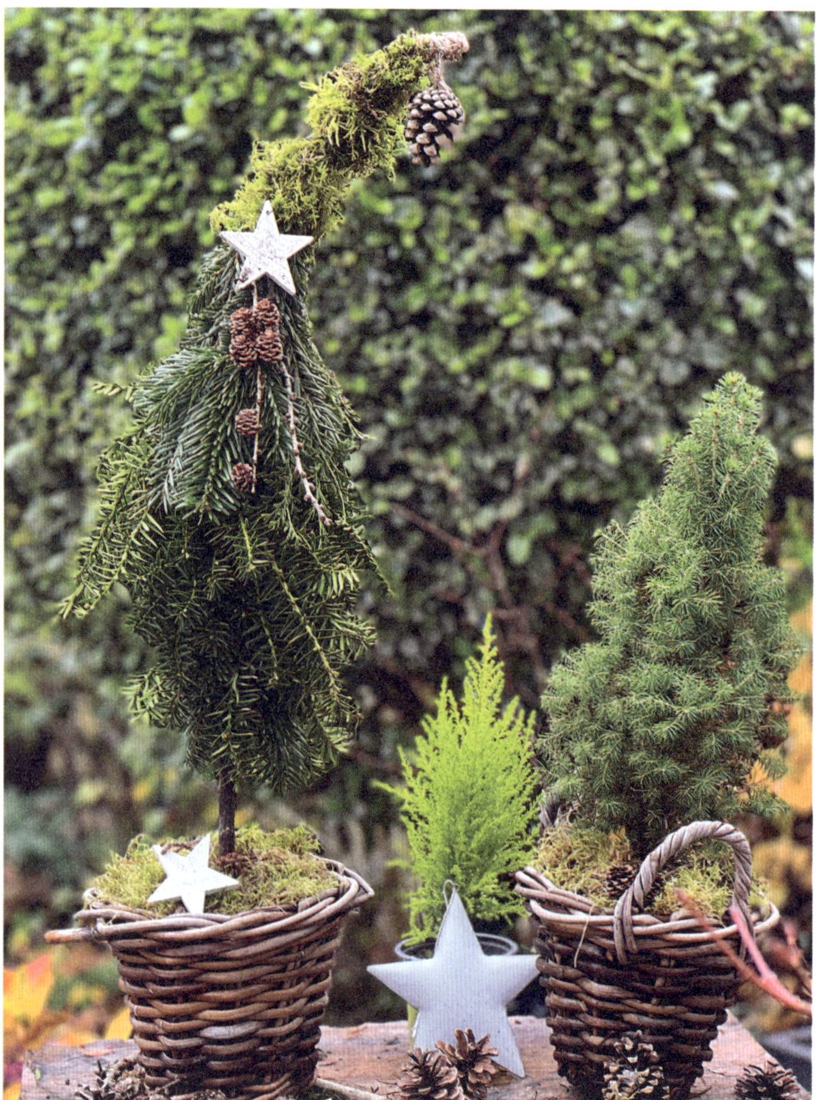

BENÖTIGTES MATERIAL

- 1 gerader, unverzweigter Ast, ca. 1,30 m lang
- 1 Holzplatte, ca. 1,5 cm dick, ca. 10–12 cm Kantenlänge (je nach Größe des Eimers)
- 1 Zinkeimer, 19 cm hoch
- Füllmaterial, z. B. Kies oder Sand
- Moos
- 1 Bund Tannengrün / Deckreisig
- 3 lange biegsame Zweige, z. B. Thuja
- 3–4 Lärchenzweige
- Nägel und Hammer
- Blumendraht
- optional LED-Stern

SO WIRD'S GEMACHT

Probieren, ob die Holzplatte auf den Boden des Eimers passt. Wenn ja, den Ast auf die Holzplatte nageln, sodass er stabil steht. Dann den Ast mit der Platte in den Zinkeimer stellen und den Eimer etwa bis zur Hälfte mit Sand oder Kies füllen, um ihn zu beschweren. Um den Ast herum mit Moos abdecken.

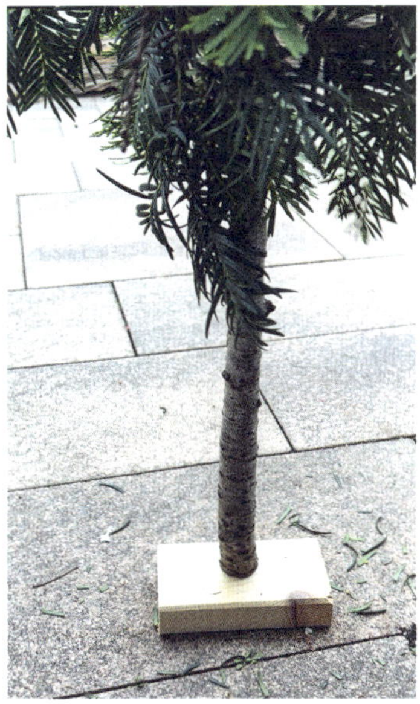

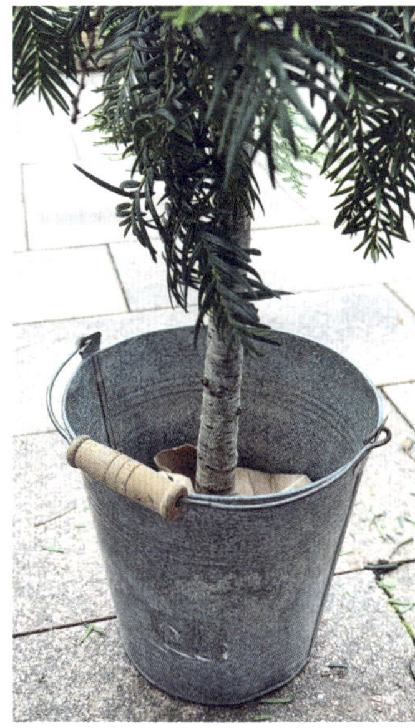

Nun die Tannenzweige in drei verschiedene Längen schneiden. Mit den längsten Abschnitten beginnen und diese mit Draht am Stamm befestigen. Die Spitzen zeigen nach unten. Die weiteren Zweige schuppenartig übereinanderlegen und jeweils mit Draht fixieren.

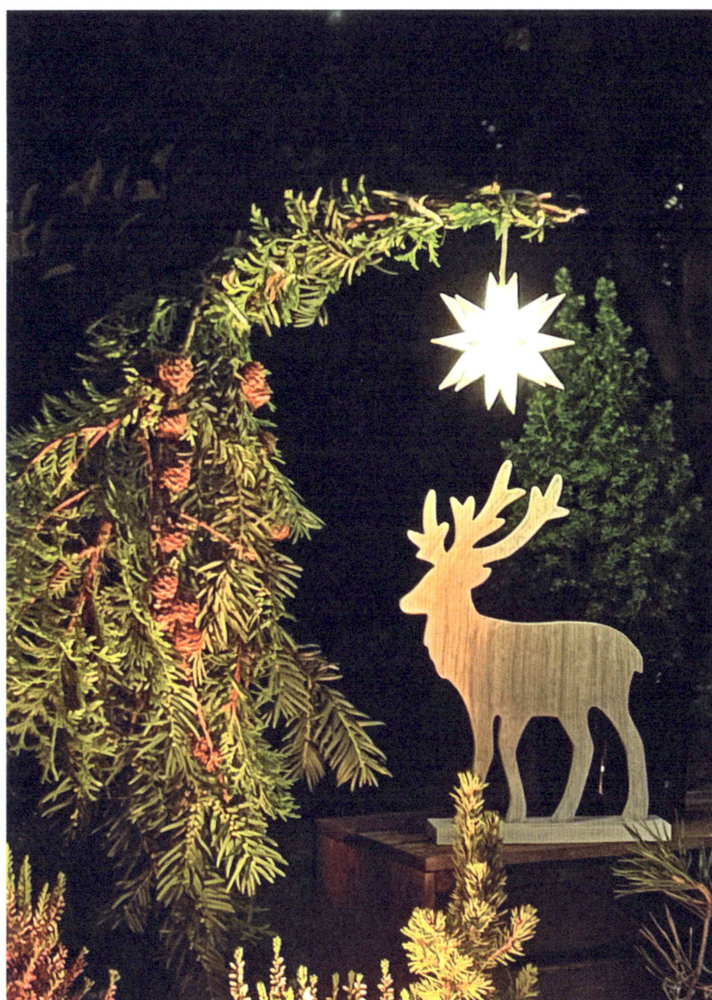

Dann die Binderichtung wechseln und möglichst lange, dünne Zweige, z. B. Thuja, um die Spitze des Bäumchens herum befestigen. Dabei die Enden der Tannenzweige verdecken. Die dünnen Zweige eng mit Draht umwickeln, um eine leicht gebogene Zipfelform zu erzeugen.

Den Übergang von der Spitze zum unteren Teil evtl. mit kleinen Tannenzweigen angleichen. Zur Dekoration ein paar Lärchenzweige unterstecken. Wer möchte, bringt noch einen kleinen LED-Stern an der Spitze an.

KLEINER ZIPFELBAUM ALS TISCHDEKO

Auch in klein macht ein Zipfelbäumchen eine gute Figur, z. B. als Tisch-Deko. Dazu nimmt man einfach einen Blumenübertopf und kann damit ganz einfach ein hübsches Arrangement zusammenstellen.

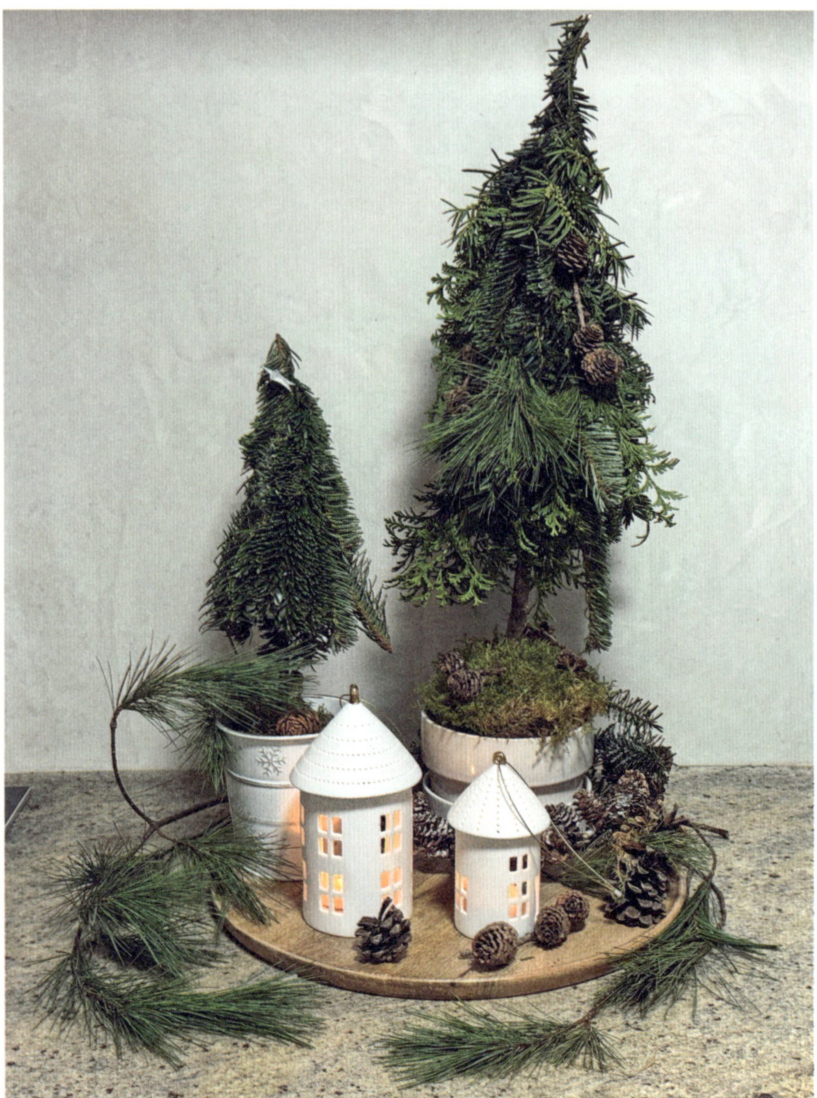

BENÖTIGTES MATERIAL

- 1 gerader Ast, ca. 30–40 cm lang
- 1 Übertopf, Ø 14 cm, 10 cm hoch
- Füllmaterial, z. B. Sand oder Kies
- Tannengrün, Deckreisig oder Zweige Kiefer
- Moos
- optional Packpapier
- Blumendraht

Tipp:
Wenn du zwei oder mehr dieser kleinen Bäumchen kombinierst, entsteht mit wenigen anderen Accessoires eine richtige kleine Landschaft. Dekoriere den Tannenbaum z. B. zusammen mit weiteren Bäumchen auf einen Holzteller mit verschiedenen Zapfen und Lichthäusern.

SO WIRD'S GEMACHT

Zunächst Tannengrün oder Kiefernzweige in verschiedenen Größen und Formen sammeln. Für das kleine Bäumchen brauchst du nicht viel, achte aber darauf, dass die Zweige frisch und flexibel sind.

Das Füllmaterial, z. B. Sand oder Kies, in einen Übertopf füllen und den Ast hineinstecken. Um die Oberfläche des Übertopfes zu schützen, kannst du ihn auch zuerst mit Packpapier oder Ähnlichem auslegen.

Die Zweige mit der Gartenschere auf die gewünschte Länge schneiden. Beginne mit den längsten Zweigen und arbeite dich nach oben zu den kürzeren Zweigen.

Die Zweige mit den Spitzen nach unten mit Draht an dem Ast befestigen, um die Form eines Tannenbaums zu erstellen. Achte darauf, dass die Zweige gleichmäßig angeordnet sind. Die Spitze mit Draht fest zusammenbinden, sodass ein Zipfel entsteht.

Das Füllmaterial im Topf mit Moos kaschieren.

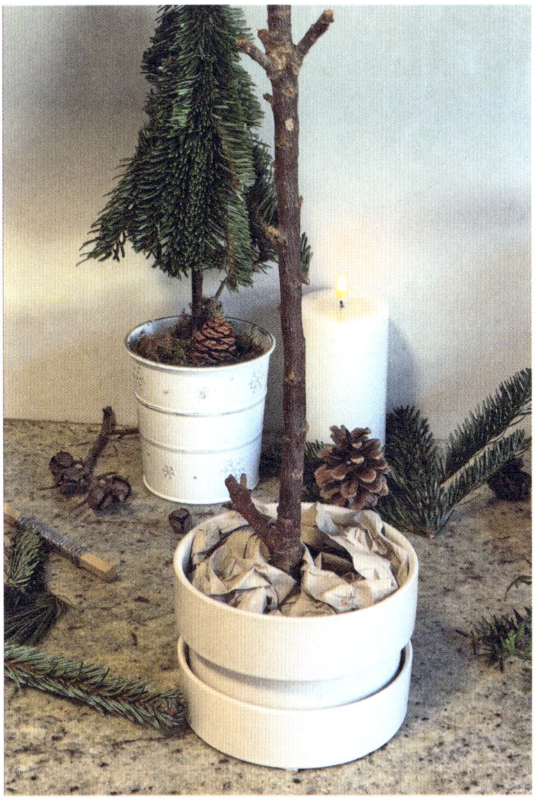

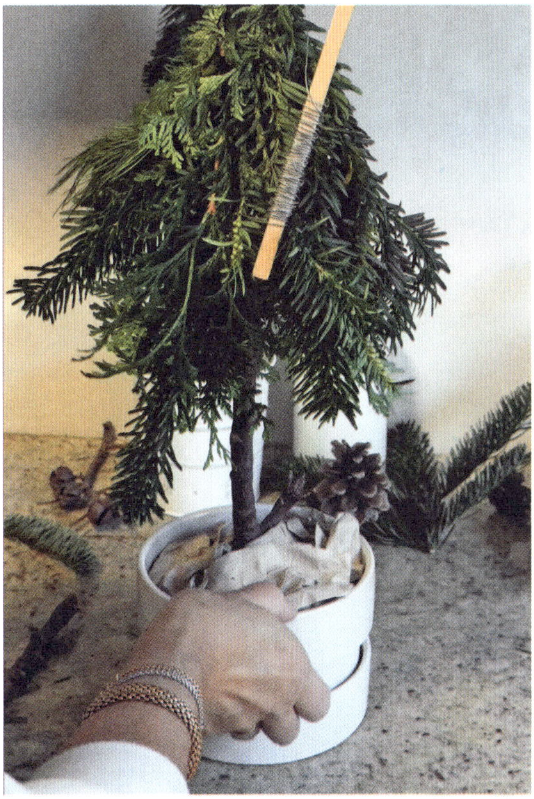

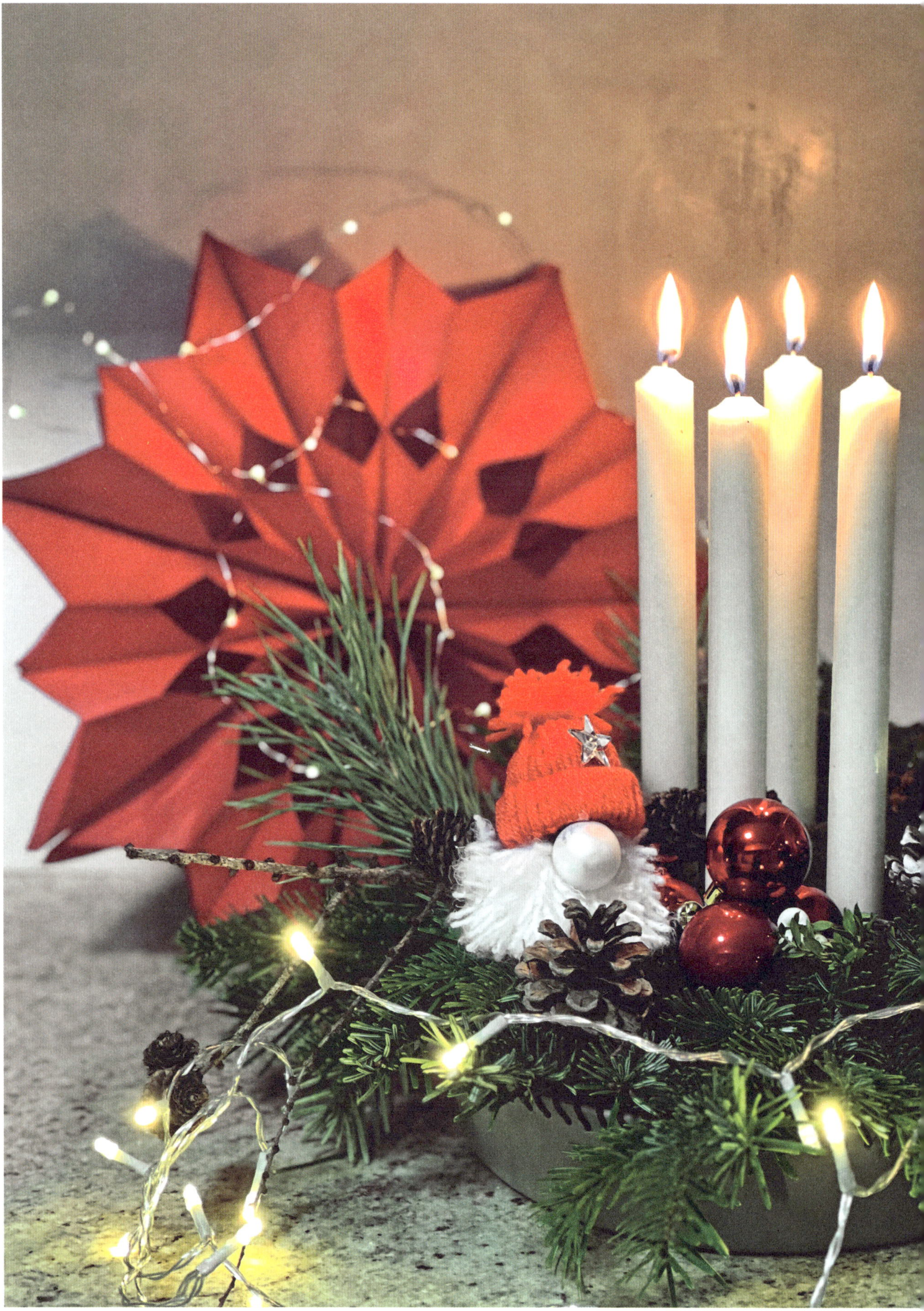

ADVENTSGESTECKE

Eine wunderschöne Ergänzung für die Festtagsdekoration und auch eine echte Alternative zum Adventskranz sind Adventsgestecke. Sie können in verschiedenen Formen und Größen gestaltet werden, von kleinen Tischdekorationen bis hin zu großen, aufwendigen Arrangements für den Eingangsbereich oder den Esstisch. Sie lassen sich meistens schnell und einfach selbst machen und verbreiten überall im Hause ein weihnachtliches Flair.

FESTLICHES GESTECK IN NATURTÖNEN

In der festlichen Zeit des Advents erfreut uns der traditionelle Adventskranz mit seinen vier Kerzen. Doch ein Adventsgesteck bietet die Möglichkeit, auch mit nur einer Kerze eine stimmungsvolle Dekoration zu schaffen. Diese Flexibilität erlaubt es, das Gesteck ganz nach persönlichem Geschmack und Raumgröße zu gestalten.

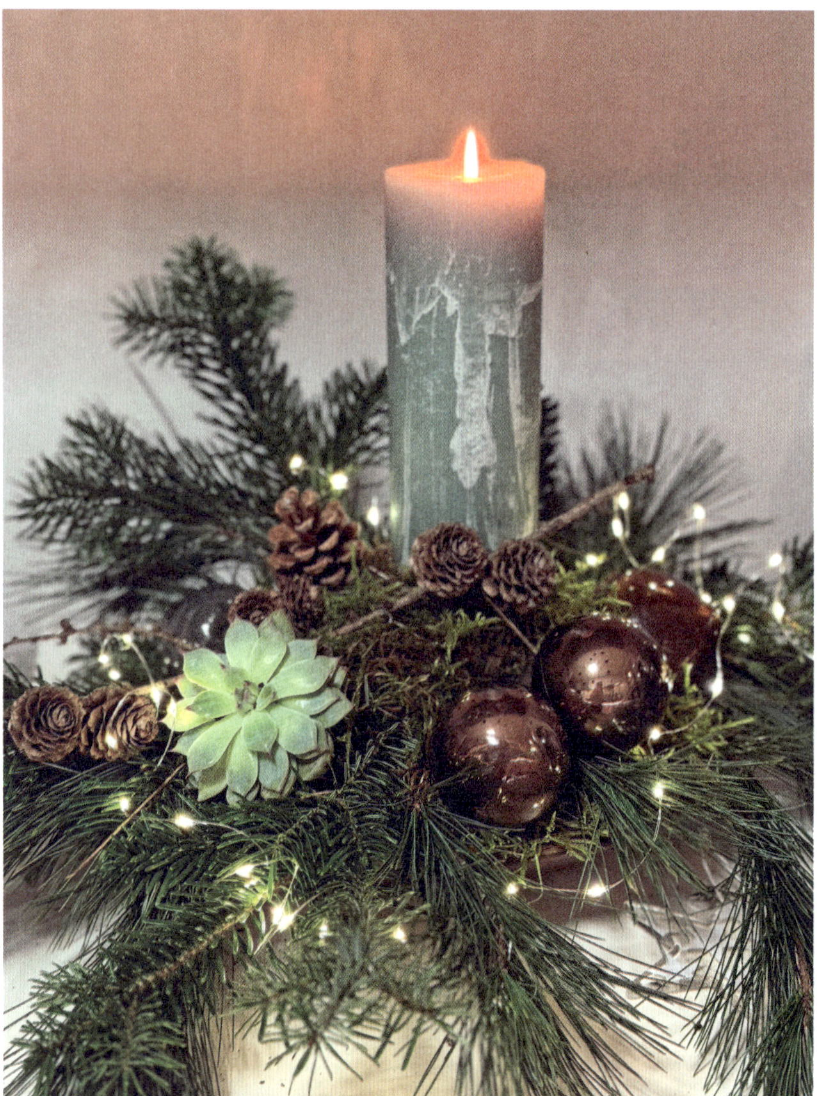

BENÖTIGTES MATERIAL

- 1 Holzschale, 20 cm
- ½ Ziegel Steckschaum
- 1 Bund Tannengrün
- 2 Zweige Kiefer
- 1 Zapfen
- 1–2 kleine Zweige Lärche
- Echeverie, Ø ca. 6 cm
- 3 Christbaumkugeln in Braun
- 1 zwiebelförmige Weihnachtskugel in Mocca, Ø 5,2 cm
- 1 LED-Drahtlichterkette mit Batterie und Timer
- 1 Blockkerze, Ø 7 × 20 cm, in Jadegrün
- 1 Patenthafte
- Folie
- Blumendraht
- Feuerzeug

SO WIRD'S GEMACHT

Den Steckschaum gründlich wässern (siehe Tipp). Die Holzschale mit Folie auslegen, damit das Holz keine Wasserflecken bekommt.

Die Tannen- und Kiefernzweige in unterschiedliche Längen schneiden.

Zwei Stücke Draht je auf eine Länge von 6 cm abschneiden und die Enden mit einem Feuerzeug vorsichtig erhitzen. Anschließend stecke die Drähte behutsam in das untere Ende der Kerze stecken, um sie zu fixieren. Die Kerze im hinteren rechten Bereich auf dem Steckschaum setzen und die Zweige rund um den Steckschaum einstecken. Dabei längere Zweige links und rechts, kürzere vorn und hinten platzieren.

Die kleine Echeverie mit Patenthafte durch die Wurzel in die Tannenzweige im Vordergrund stecken.

Die Christbaumkugeln mit Patenthaften seitlich vor die Kerze im Steckschaum feststecken und Lärchen- und Zapfen hinzufügen.

Zum Schluss die dünne Lichterkette um das fertige Gesteck legen.

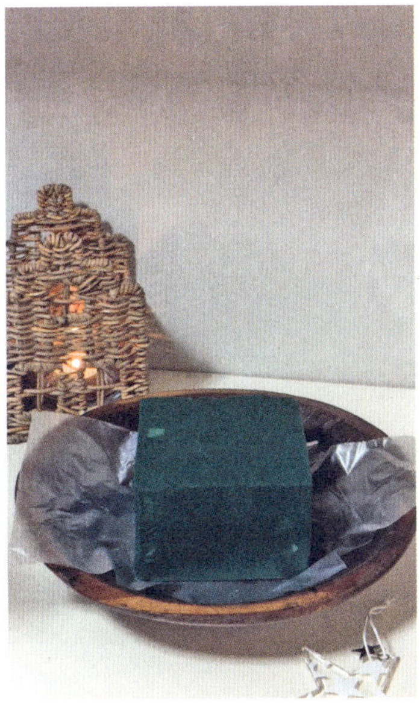

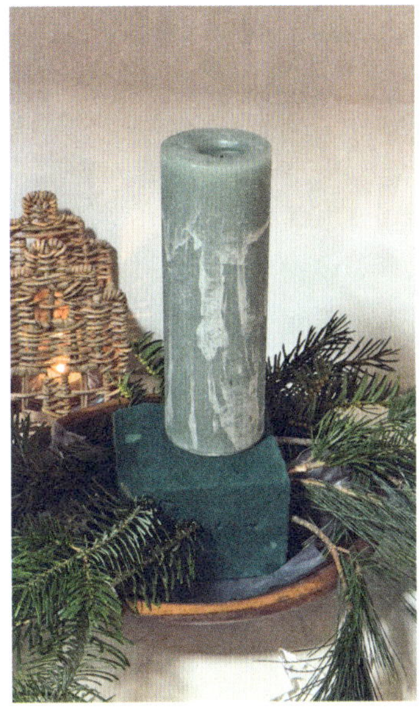

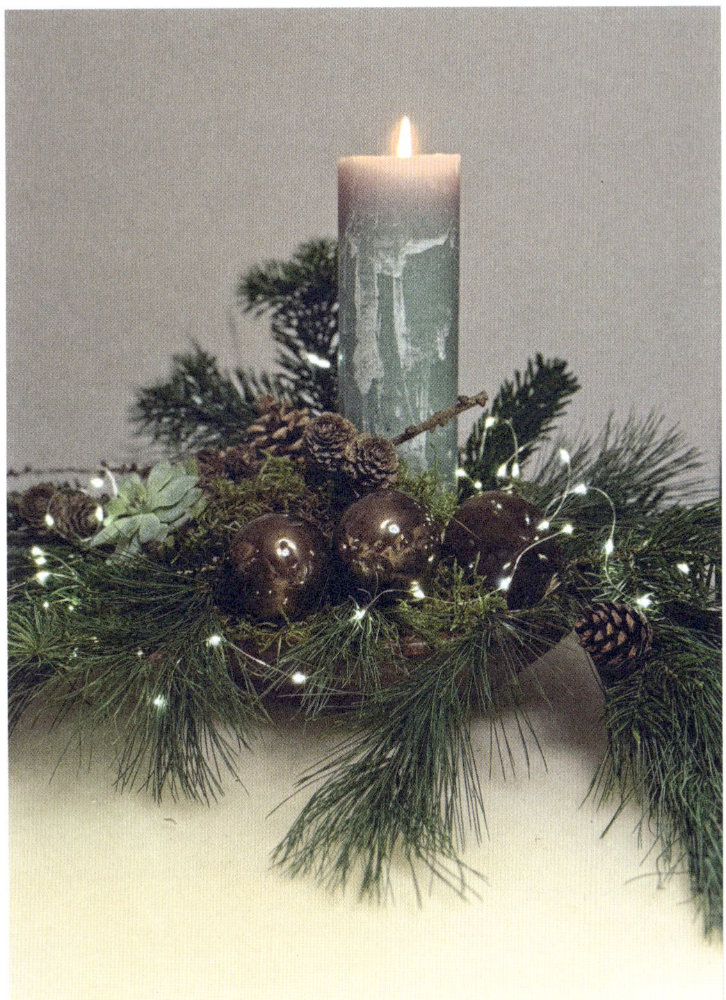

TRADITIONELLES GESTECK IN ROT UND WEISS

Auch das Gästezimmer wird bei uns weihnachtlich geschmückt, schließlich sollen sich unsere Gäste ja wohl fühlen. Dort bevorzuge ich kleine Adventsgestecke in den traditionellen Weihnachtsfarben Rot und Weiß.

BENÖTIGTES MATERIAL

- 1 Steingut-Schale, Ø 25,5 cm, 5,5 cm hoch
- 1 Steckschaum rund, Ø 16 cm, 3,5 cm dick
- 6 kleine Zweige Tannengrün
- 2 Zweige Kiefer
- 4 Zapfen in Natur
- 4 Weihnachtskugeln, Ø 4 cm, in Rot
- 4 Stabkerzen in Weiß
- optional Acrylfarbe in Weiß und Pinsel
- 1 Patenthafte

SO WIRD'S GEMACHT

Zuerst den Steckschaum gründlich wässern und dann in eine wasserfeste Schale, z. B. aus Steingut, legen.

Die vier Kerzen in Quadratform in die Mitte des Steckschaums stecken.

Die Tannenzweige auf die passende Länge kürzen und rings um die Kerzen in den Steckschaum stecken, bis die Seiten des Steckschaums vollständig verdeckt sind.

Die Kiefernzweige passend zuschneiden und im hinteren, oberen Bereich der Schale ebenfalls in den Steckschaum stecken.

Die Christbaumkugeln auf eine Patenthafte fädeln und diese vor die Kerzen in den Steckschaum stecken.

Die Tannen- und Lärchenzapfen dekorativ ringsherum auf dem Gesteck platzieren. Einen winterlichen Akzent erhält das Gesteck, wenn du vorher einen der Zapfen mit weißer Acrylfarbe betupfst.

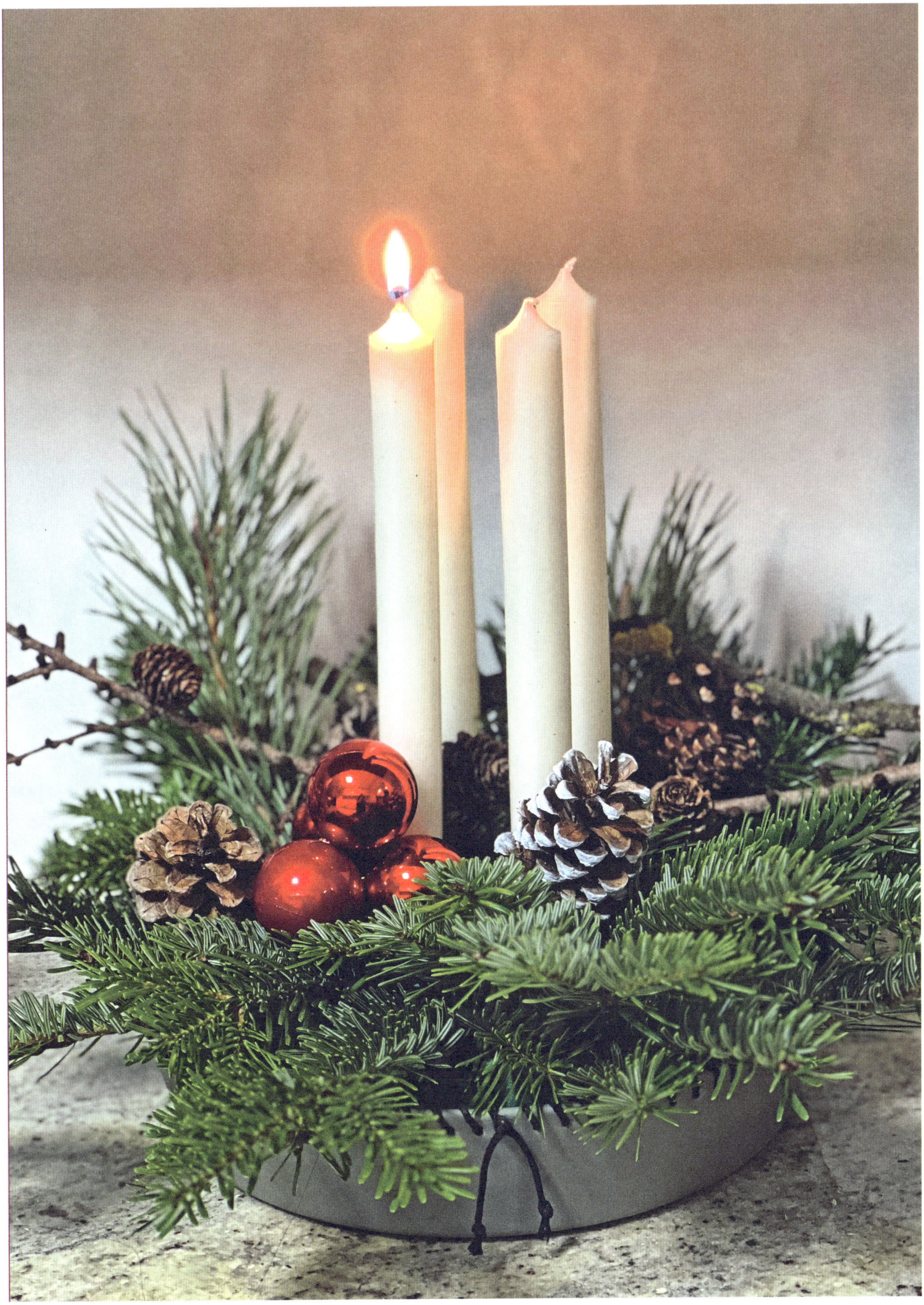

KLEINES GESTECK TON-IN-TON MIT ECHEVERIE

Ich mag Sukkulenten sehr gern. Eine der schönsten Arten ist für mich die »Perle von Nürnberg«. Ihre Blätter sind wunderschön lila gefärbt. Allerdings ist sie nicht winterhart, und daher überwintere ich sie häufig in hübschen Gestecken im Haus.

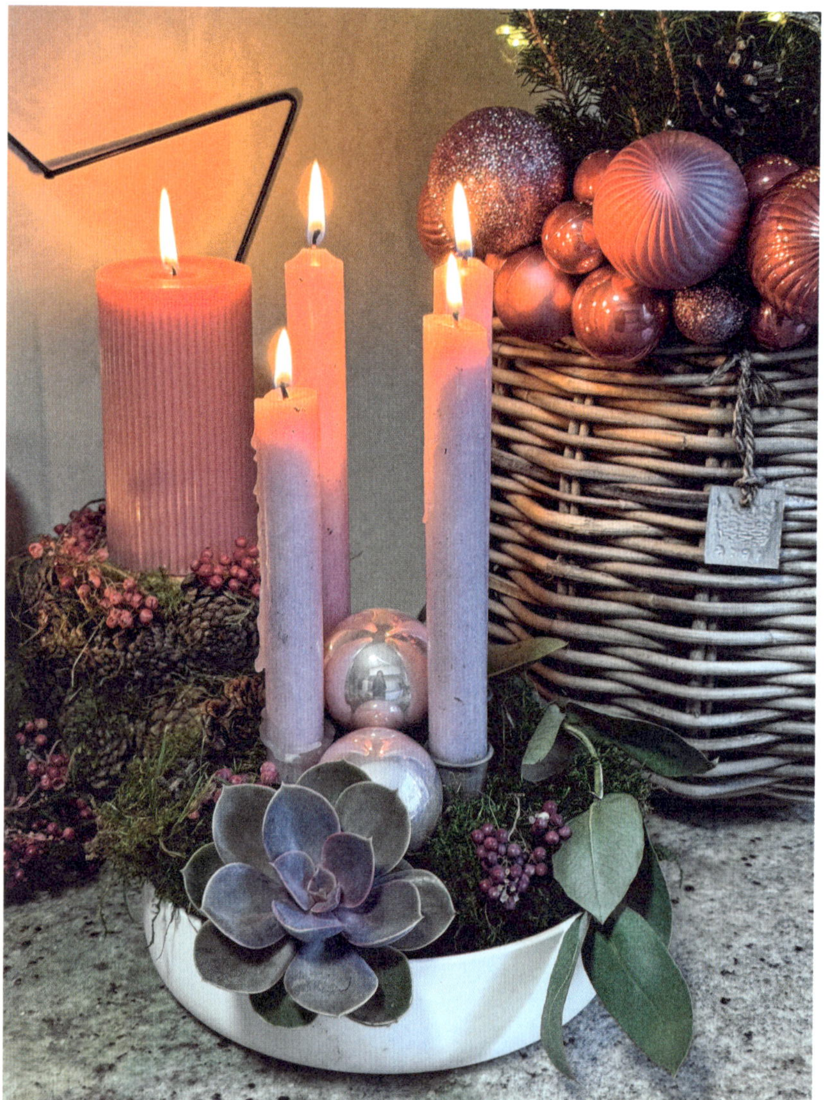

BENÖTIGTES MATERIAL

- 1 Keramikschale, Ø 20 cm
- ½ Ziegel Steckschaum
- Moos
- 1 Echeveria »Perle von Nürnberg«
- 1 Pfefferbeerenzweig
- 1 Zweig Eukalyptus
- 4 Kerzenpicks in Grau
- 4 Stabkerzen in Rosa
- 2 Christbaumkugeln in Rosa
- 1 Patenthafte

SO WIRD'S GEMACHT

Den Steckschaum in die Schale legen. Für dieses Gesteck kannst du auch bereits benutzten Schaum verwenden; er muss auch nicht gewässert werden, da er nur die Kerzenpicks hält.

Am Rand der Schale die Echeverie mit einer Patenthafte in den Schaum stecken. Dann die ganze Schale mit reichlich Moos bedecken, sodass ein kleiner Hügel entsteht.

Die vier Kerzenpicks quadratisch durch das Moos in den Steckschaum stecken, sodass sie fest sitzen.

Das Gesteck mit den Christbaumkugeln, dem Pfefferbeeren- und dem Eukalyptuszweig dekorieren und die Stabkerzen in die Halter stecken.

Diese Echeverie ist eine Sukkulente und relativ pflegeleicht. Sie benötigt nur wenig Wasser, um zu gedeihen. Daher übersteht sie die Zeit am Gesteck ohne Probleme. Anschließend setze sie in einen Topf mit etwas Erde und gieße sie eher sparsam als zu viel.

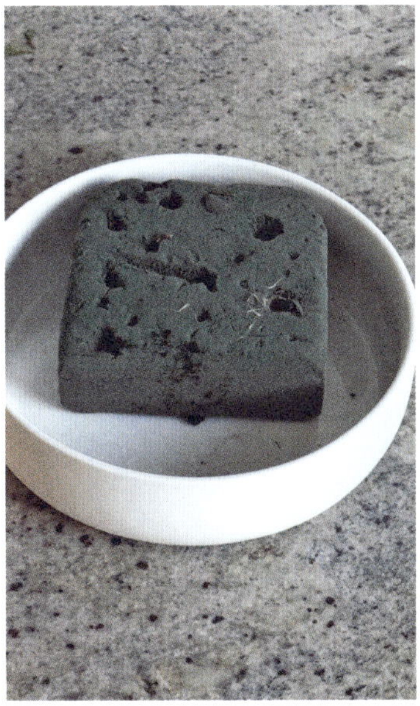

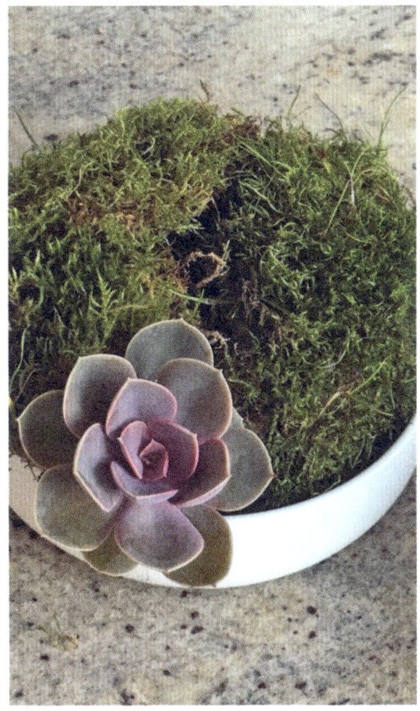

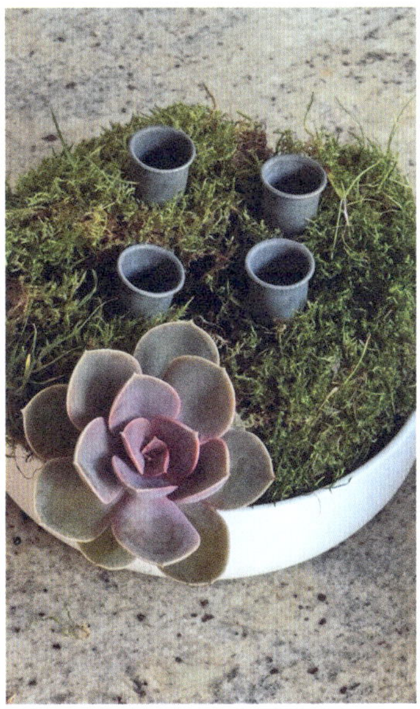

Steckschaum wiederverwenden

Steckschaum ist zwar eigentlich ein Einmalprodukt, denn einmal vollgesaugt und wieder eingetrocknet, speichert er nur noch unzureichend Wasser. Aber für viele Dekorationen kann er dennoch weiterverwendet werden, z. B. als Basis für Kerzenpicks.

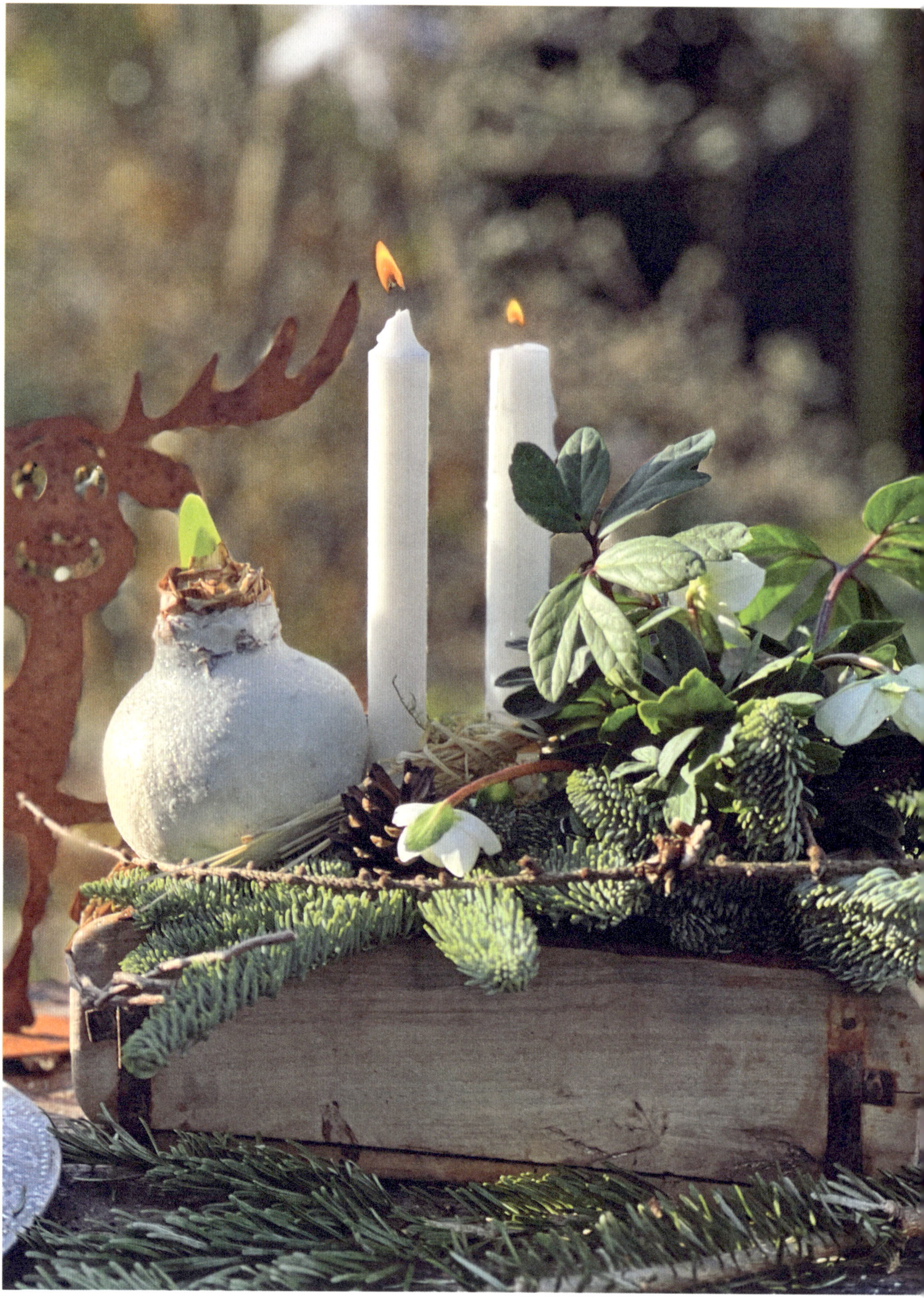

ADVENTS- UND WINTER-DEKO IN DER ZIEGELFORM

Alte Ziegelformen sind seit einiger Zeit im Trend. Kein Wunder, denn sie sind nicht nur sehr vielseitig einsetzbar, sondern auch echte Unikate. Ursprünglich wurden sie in Indien verwendet, um Handstrichziegel aus Lehm herzustellen. Ich liebe es das ganze Jahr über, mit diesen Formen zu dekorieren.

TULPEN IN DER ZIEGELFORM

Nach Weihnachten sehne ich mich nach dem Frühling. Um zumindest ein bisschen davon zu spüren, hole ich meine Ziegelform ins Haus und dekoriere sie mit schönen farbenfrohen Tulpen.

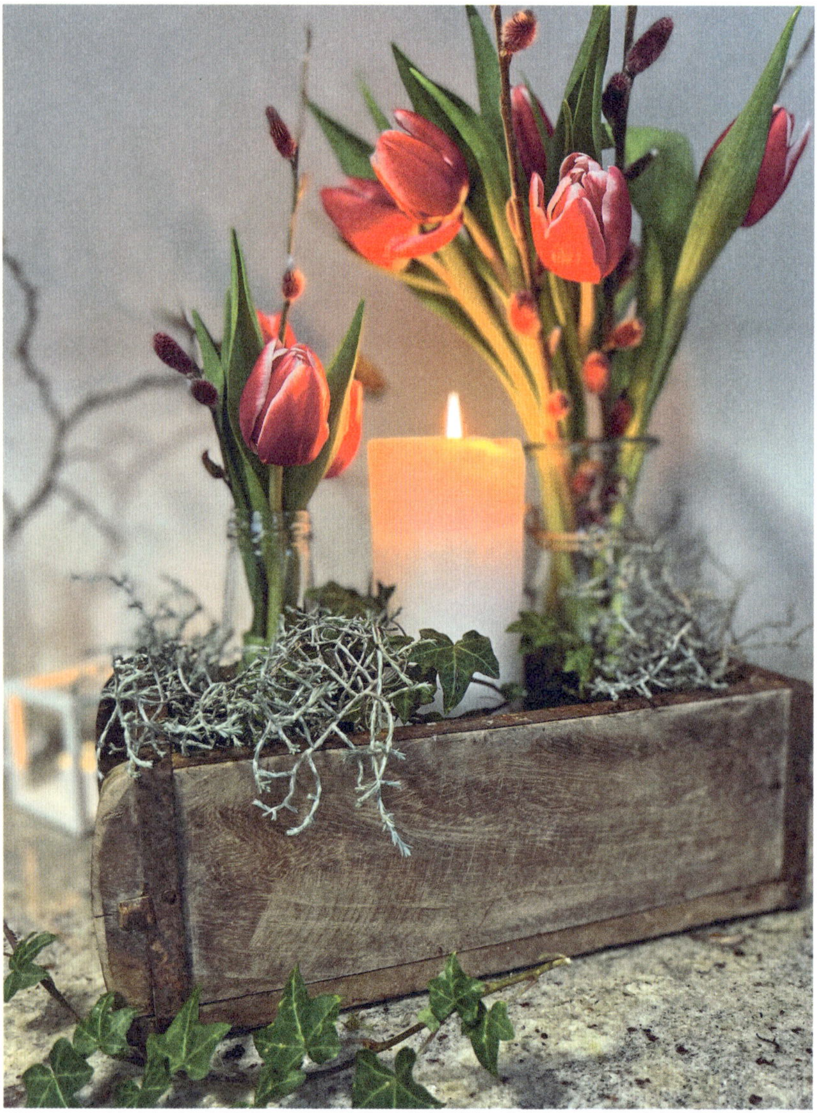

BENÖTIGTES MATERIAL

- 1 Ziegelform, 31 × 15 × 9,5 cm
- 2 alte Saft- oder Saucenflaschen à 250 ml
- 1 Konservendose
- 6–8 Tulpen in Pink
- 1 Efeuranke
- 2 Stecknadeln
- 8 Weidenkätzchen in Rosa
- ½ Stacheldrahtpflanze
- 1 Blockkerze in Weiß, Ø 10 cm

SO WIRD'S GEMACHT

Zuerst die Flaschen und die Konservendose säubern und die Etiketten entfernen.

Etwas Wasser in die Flaschen geben und diese links und rechts in die Ziegelform stellen. Die Konservendose mit der Öffnung nach unten als Basis für die Kerze in die Mitte der Ziegelform stellen.

2–3 Tulpen in die Hand nehmen und mit einem Tulpenblatt umwickeln. Das Blatt mit einer Stecknadel fixieren. Die Tulpen in die linke Vase stellen. Mit 4–5 Tulpen wiederholen und diese in die Vase auf der rechten Seite stellen. Besonders schön sieht es aus, wenn man auch einige rosa Weidenkätzchen-Zweige einbindet.

Eine Efeuranke um die Kerze legen und die Kerze in die Mitte auf die Blechdose stellen. Anschließend die Stacheldrahtpflanze in alle Zwischenräume drapieren.

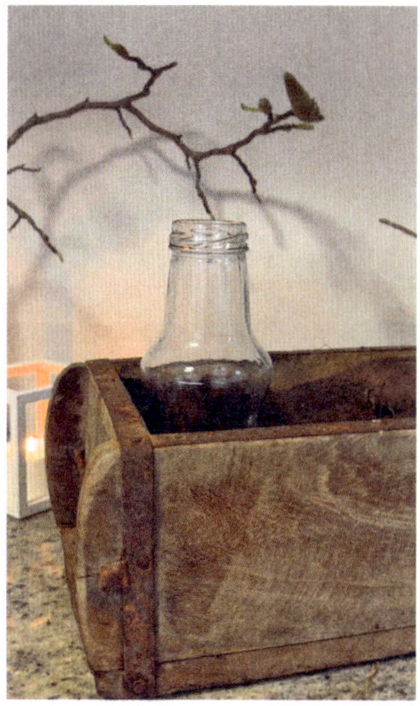

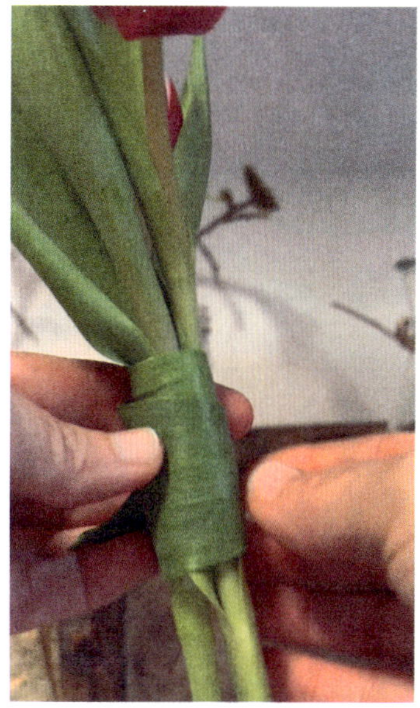

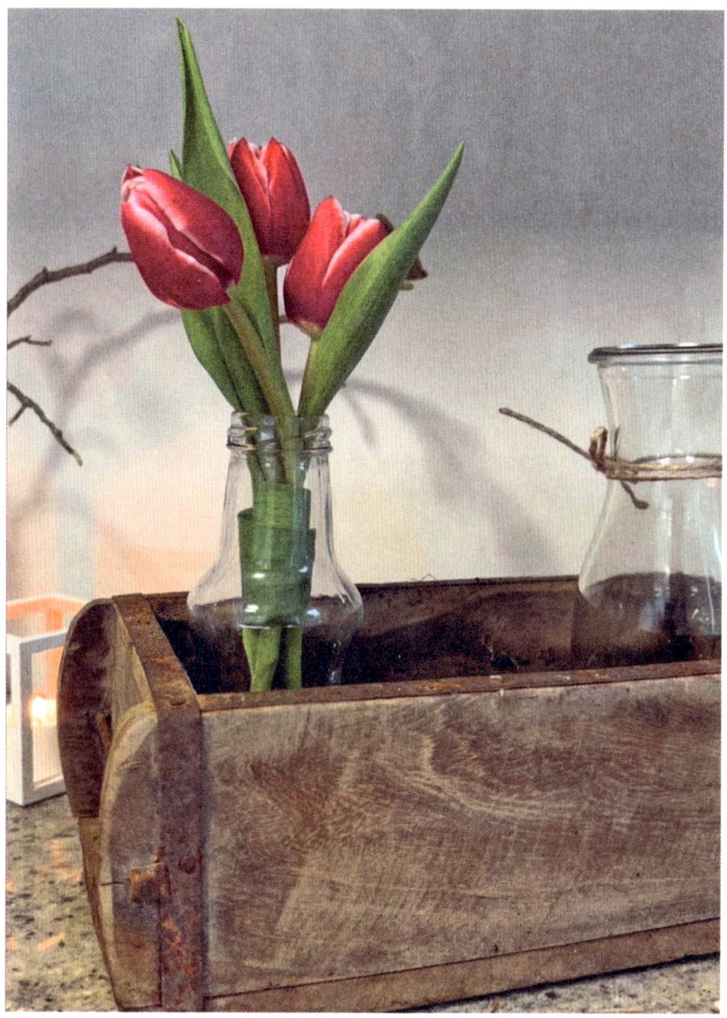

FLUFFY UND TULPEN

Wie jeder Gartenbesitzer liebe ich es, durch meinen Garten zu gehen und zu schauen, wie meine Blumen und Pflanzen gedeihen. Zugegebenermaßen tut sich da im Winter nicht sehr viel, aber über die schöne Samt-Heide freue ich mich jedes Jahr! Bei mir im Garten wächst die Sorte ›Fluffy‹®. Ihr weiches, silbriges Laub ist außergewöhnlich und verführt zum Anfassen. So kam ich auch auf die Idee für diesen kleinen »Blumenkragen«.

BENÖTIGTES MATERIAL

- 1 Ziegelform, 31 × 15 × 9,5 cm
- 1 Windlicht
- 1 Konservendose
- 2 alte Saft- oder Saucenflaschen à 250 ml
- 1 Topf Heidekraut ›Fluffy‹®
- 6 Tulpen in Rosa
- Moos
- 1 Zweig rosa Pfefferbeeren
- 2 Zweige Schleierkraut
- 1 Zweig Lärche mit Zapfen
- 1 Schneckenhaus
- Juteschnur
- 1 LED-Drahtlichterkette mit Batterie und Timer
- 1 Blockkerze in Rosa, Ø 10 cm

SO WIRD'S GEMACHT

Zuerst die Flaschen und die Konservendose gründlich reinigen und dabei alle Rückstände und Etiketten entfernen.

Dann von der Heide ›Fluffy‹® etwa 10 Stiele pro Flasche abschneiden und mit der Juteschnur oben am Flaschenhals festbinden.

Etwas Wasser in beide Flaschen füllen und jeweils 3 Tulpen darin arrangieren. Dann die Flaschen rechts und links in die Ziegelform stellen.

Die leere Konservendose mit der Öffnung nach unten in die Mitte stellen. Sie dient als Basis für die Kerze. Die Kerze in das Windlicht stellen und auf der umgedrehten Konservendose platzieren.

Die Ziegelform um die Flaschen und das Windlicht herum mit Moos abdecken. Ein paar Büschel Schleierkraut rund um das Windlicht in das Moos stecken.

Das Arrangement abschließend mit dem LED-Lichterdraht, den Pfefferbeeren und einem Schneckenhaus verzieren.

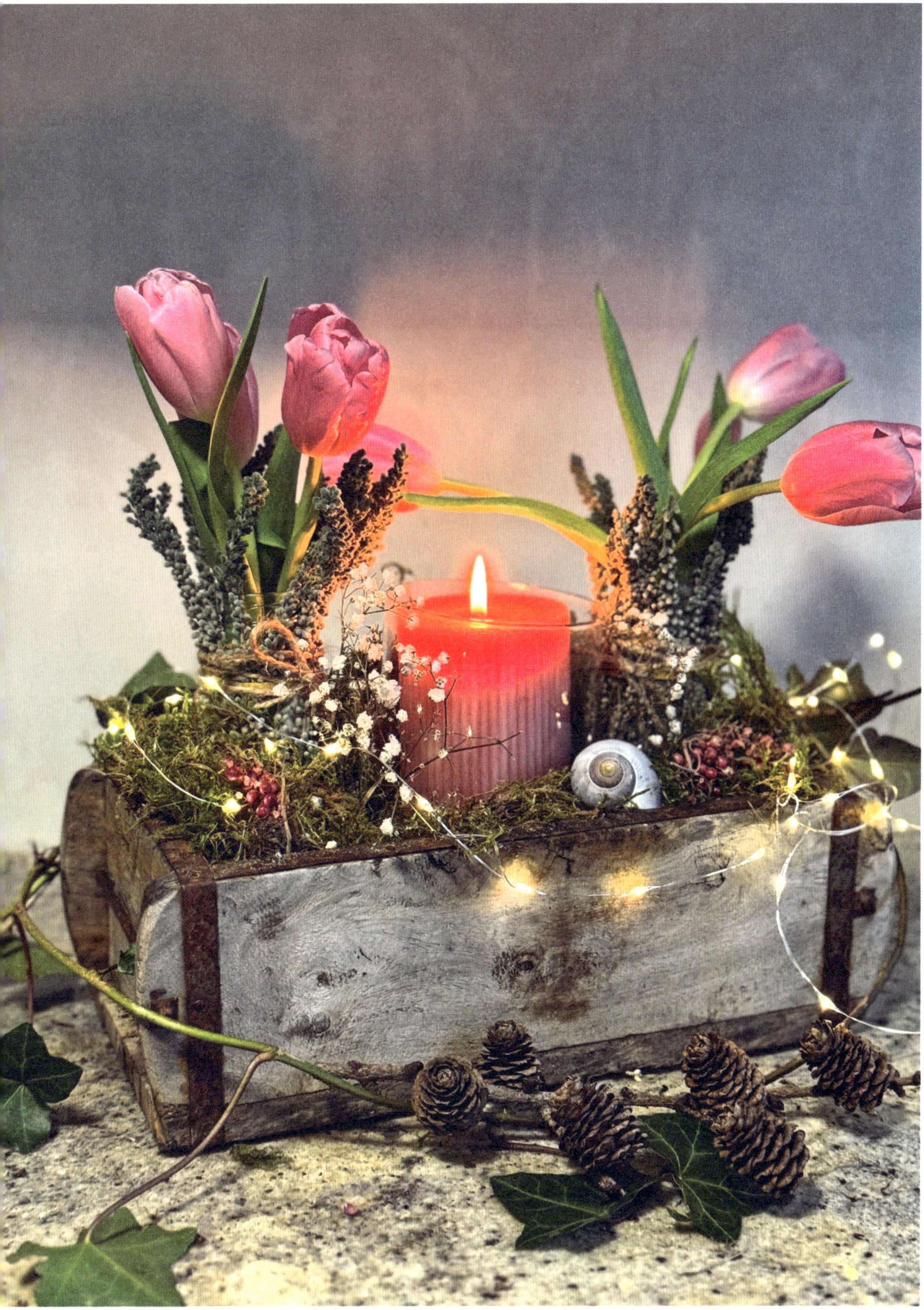

ADVENTSSTIMMUNG MIT ROSA KERZEN

Die Ziegelform ist nicht nur praktisch, sondern auch äußerst vielseitig einsetzbar. Besonders zur Adventszeit eignet sie sich hervorragend für die Gestaltung eines hübschen Adventsgestecks. Mit ein paar Tannenzweigen, rosa Pfefferbeeren und Kerzen setzt die Ziegelform drinnen wie draußen einen weihnachtlichen Akzent.

BENÖTIGTES MATERIAL

- 1 Ziegelform, 31 × 15 × 9,5 cm
- 1 Ziegel Steckschaum
- 3 kleine Zweige Tannengrün
- 1 Efeuranke
- 1 Zweig rosa Pfefferbeeren
- 2 Weihnachtskugeln in Rosa, Ø 3 cm
- 1 Weihnachtskugel in Weiß, Ø 2 cm
- 3 Tapfen
- Moos
- 3–5 Patenthaften
- Acrylfarbe in Weiß und Pinsel
- 4 Kerzen in Rosa, unterschiedliche Größen

SO WIRD'S GEMACHT

Den Steckschaum in die Ziegelform legen und die vier Kerzen nebeneinander hineinstecken. Weil es sich hier um ein trockenes Gesteck handelt, muss der Steckschaum nicht gewässert werden. Bei einem nassen Gesteck solltest du die Ziegelform vorher mit Folie ausschlagen.

Die drei kleinen Zweige Tannengrün zurechtschneiden und hinter den Kerzen in den Schaum stecken. Alle Lücken mit Moos ausfüllen, sodass der Steckschaum nicht mehr zu sehen ist.

Eine Efeuranke oben um die Ziegelform legen und mit Patenthaften feststecken.

Die Christbaumkugeln auf eine Patenthafte auffädeln und zwischen zwei Kerzen feststecken. Abschließend das Gesteck mit Pfefferbeeren und verschiedenen Zapfen dekorieren, gegebenenfalls ebenfalls mit Patenthaften feststecken.

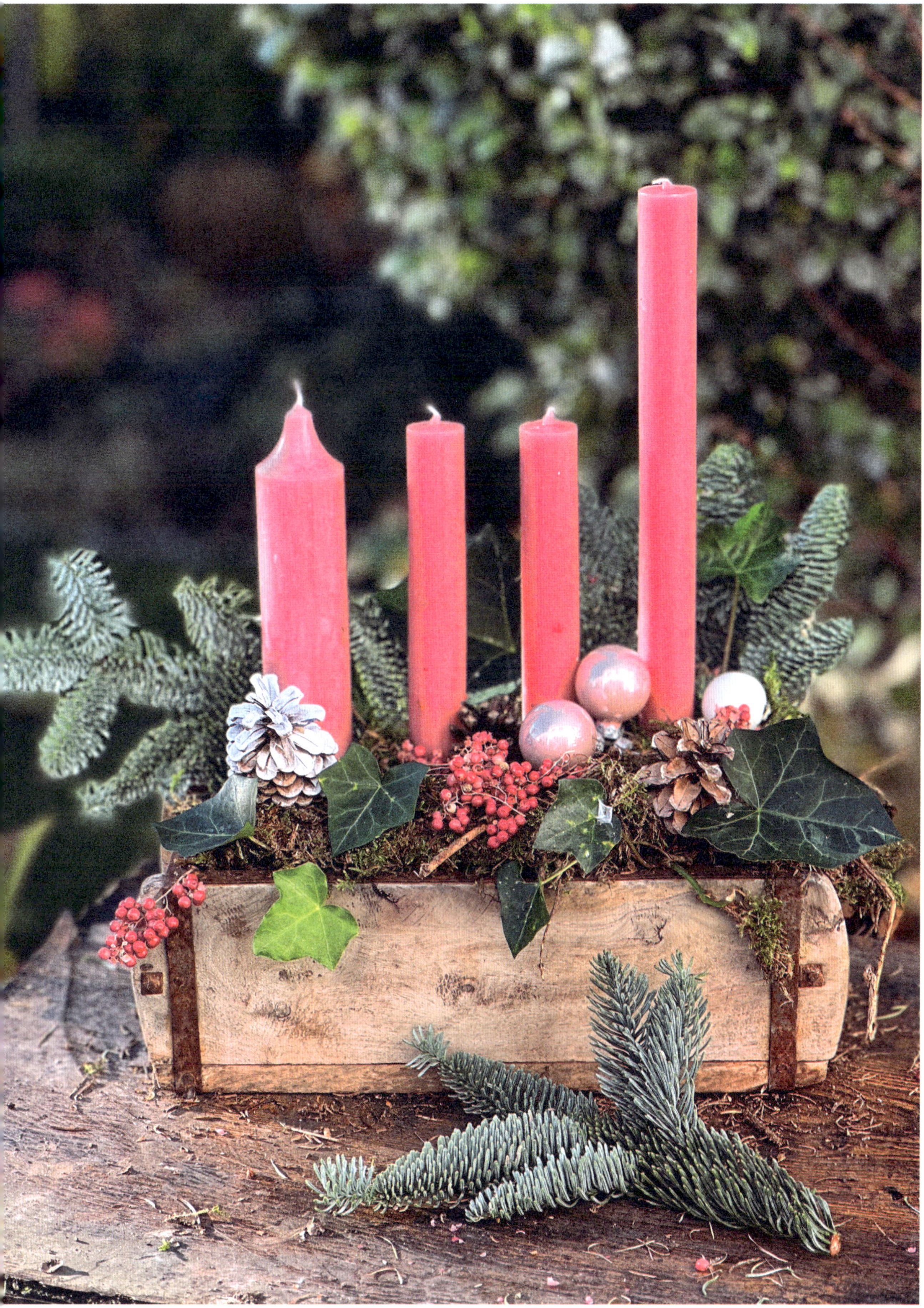

ZIEGELFORM MIT TRAUBENHYAZINTHEN

Auch Pflanzen und Blumenzwiebeln finden ihren Platz in einer Ziegelform und lassen sich so wunderschön dekorieren. Leider sind Ziegelformen nicht wasserdicht, aber mit einem Getränkekarton kann man hier ganz einfach und effektiv Abhilfe schaffen.

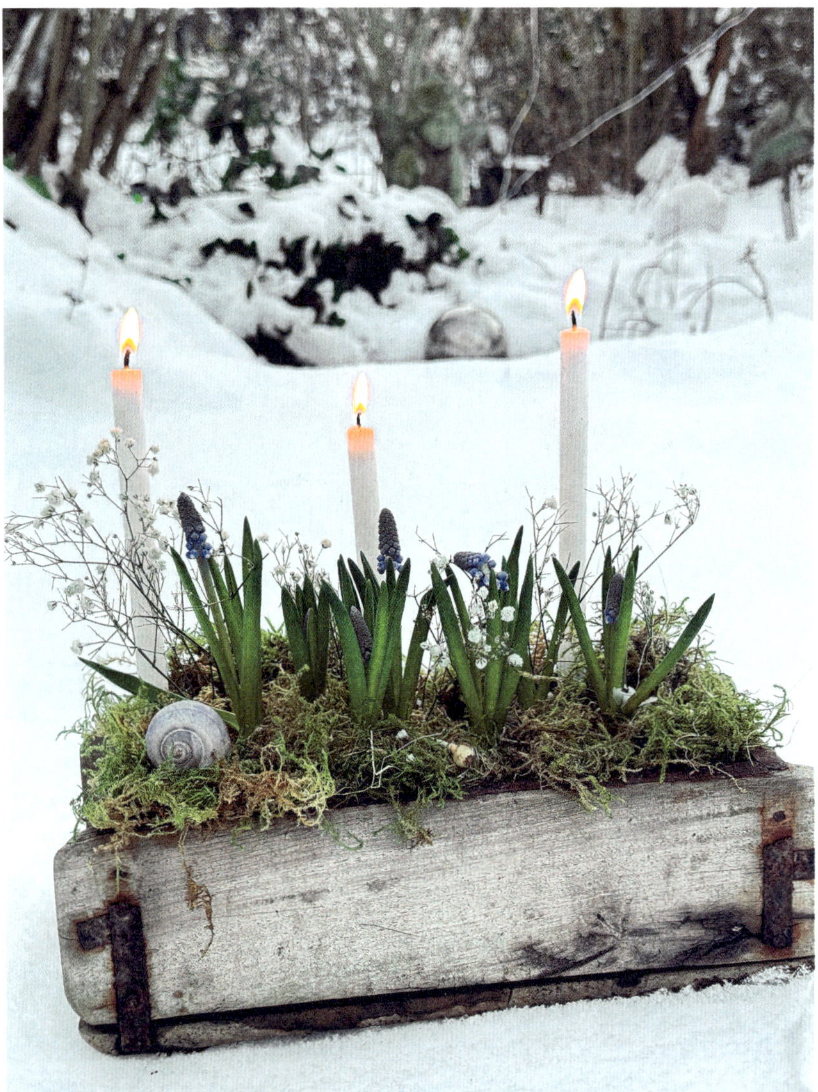

BENÖTIGTES MATERIAL

- 1 Ziegelform, 31 × 15 × 9,5 cm
- 1 beschichteter Getränkekarton, rechteckig
- 9 ausgetriebene Muscari-Zwiebeln
- Pflanzerde
- Moos zum Abdecken
- 4 Zweige Schleierkraut
- 3 Stabkerzen
- 1 Schneckenhaus

SO WIRD'S GEMACHT

Eine Längsseite des Getränkekartons abschneiden, um ein offenes Gefäß zu erhalten.

Den Karton mit Pflanzerde füllen und die Muscari-Zwiebeln etwas versetzt nebeneinander einsetzen.

Zwischen den Muscari-Zwiebeln etwas Schleierkraut in die Erde stecken. Das ergibt einen schönen duftigen Effekt, besonders wenn die Muscari noch nicht blühen.

Drei Stabkerzen hinter den Blumenzwiebeln in die Erde stecken. Darauf achten, dass sie gerade und sicher stehen.

Die Erde und die Ränder des Kartons vollständig mit Moos bedecken, um den Karton zu kaschieren.

Als abschließende Dekoration in einer Ecke ein kleines Schneckenhaus auf das Moos legen.

Tipp:
Muscari benötigen nur sehr selten zusätzliche Wassergaben. Im Topf werden sie nur wenig und vorsichtig gegossen, denn Staunässe schadet ihnen.

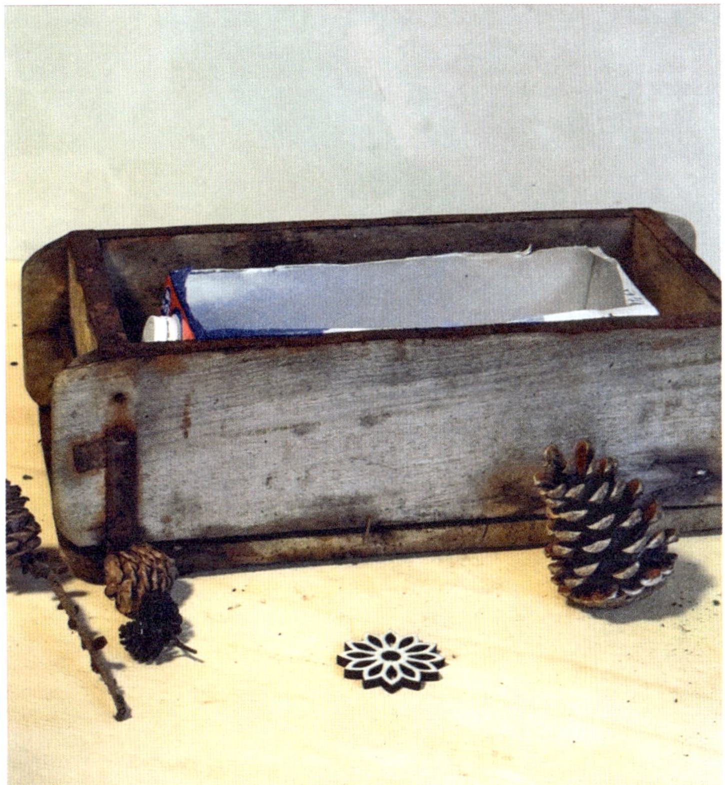

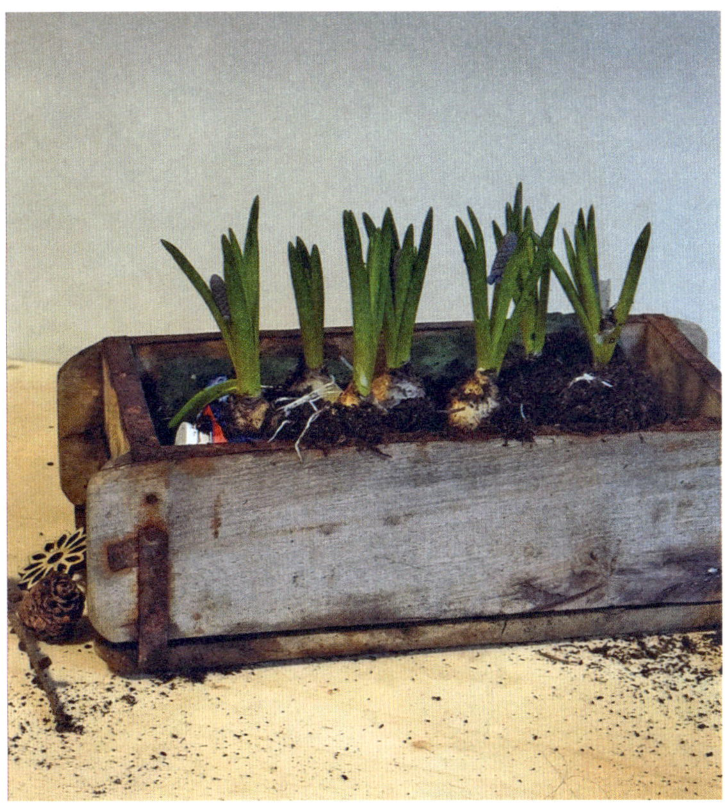

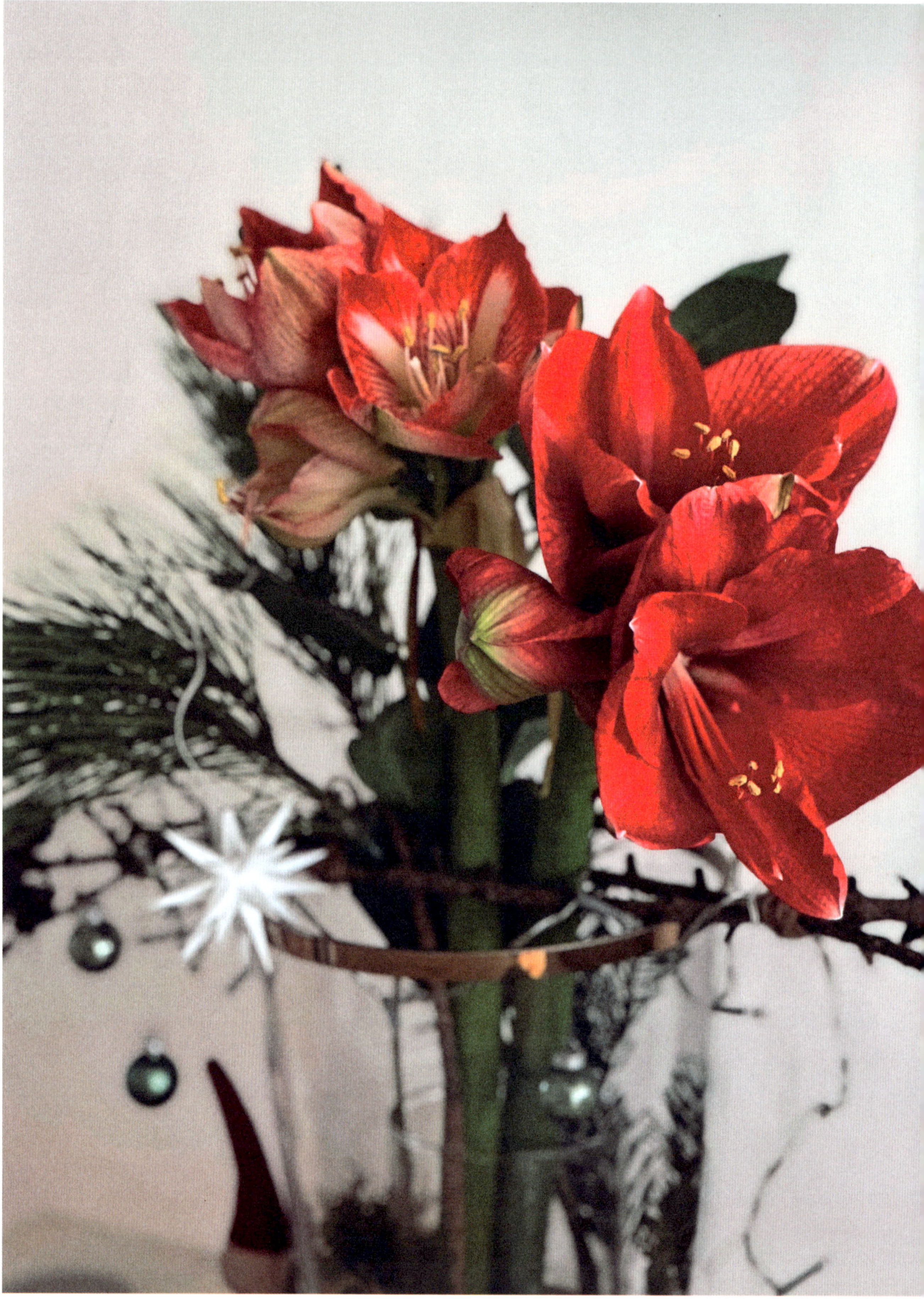

WEIHNACHTLICHE UND WINTERLICHE TISCH-DEKO

Ein liebevoll dekorierter Tisch macht das winterliche Kaffeetrinken oder den Weihnachtstisch erst so richtig gemütlich und festlich.

Ich liebe Centerpieces, denn sie machen einen Tisch besonders feierlich und sind daher gerade für die Zeit um Weihnachten herum eine wunderschöne Deko-Idee. Nachdem sich die Gäste an dem festlich geschmückten Tisch erfreut haben, kann man das Centerpiece einfach schnell beiseitestellen, um auf dem Tisch Platz für die Speisen zu schaffen.

AMARYLLIS IM GLAS

Amaryllis sind die Winterblumen schlechthin! Ein ganzer Strauß dieser imposanten Blumen ist sehr eindrucksvoll, aber auch zwei einzelne Blumenstiele kann man geschickt in Szene setzen.

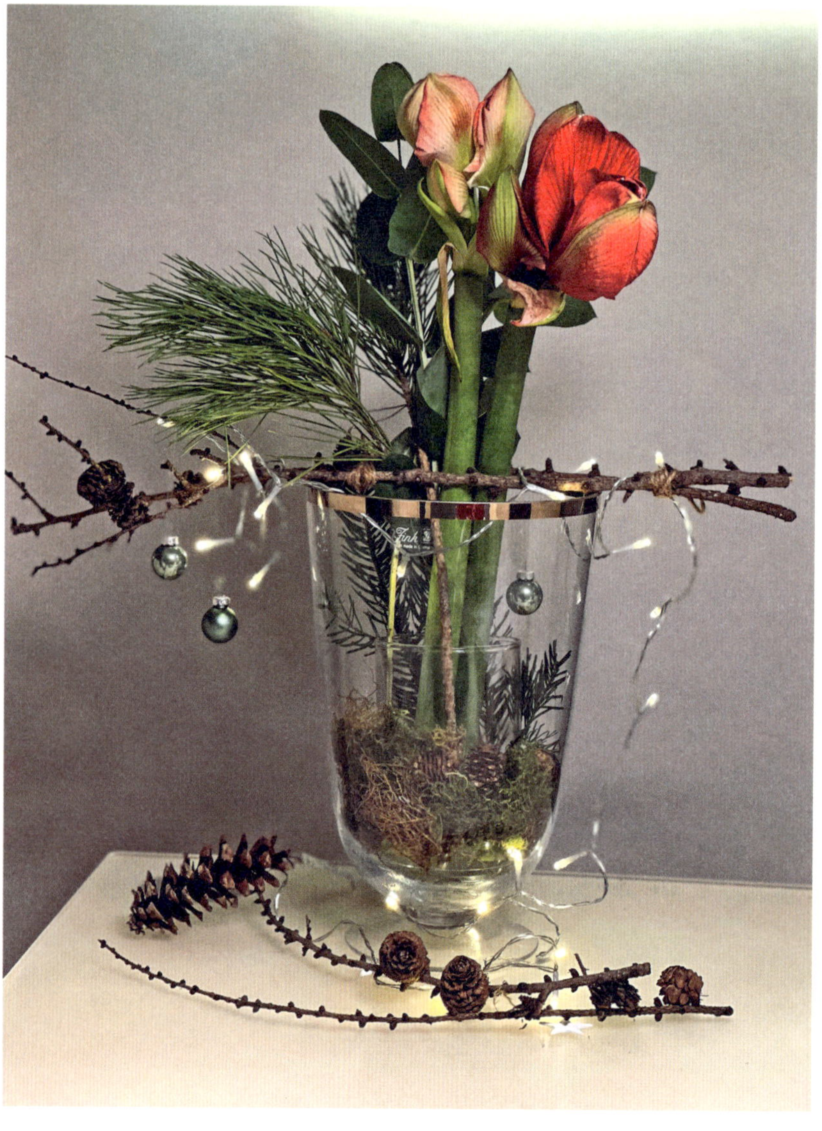

BENÖTIGTES MATERIAL

- 1 Vase mit breiter Öffnung
- 2 Stiele Amaryllis in Rot
- 1 Zweig Eukalyptus
- 1 Zweig Tannengrün
- 2 Zweige Lärche mit Zapfen
- durchsichtiges Klebeband
- Juteschnur
- optional: LED-Stern und Christbaumkugeln

SO WIRD'S GEMACHT

Die Blütenstiele der Amaryllis mit einem scharfen Messer gerade anschneiden.

Die Stielenden mit durchsichtigem Klebeband umwickeln. Ansonsten werden die Blütenstiele an der Schnittstelle schnell weich und fasern aus oder rollen sich sogar auf.

Nur eine Handbreit Wasser in die Vase geben und die Amaryllis in die Vase stellen. Den Eukalyptus- und den Tannenzweig dazu arrangieren.

Je einen Lärchenzweig vor und hinter die Stiele quer über die Vase legen. Die Zweige auf beiden Seiten mit Juteschnur zusammenbinden. Das sieht zum einen wunderhübsch aus, zum anderen hält es die Blütenstängel auch in dieser breiten Vase aufrecht.

Wer möchte, verziert das Arrangement zum Schluss noch mit einem LED-Stern und ein paar kleinen Christbaumkugeln.

Tipp:
Das Wasser regelmäßig wechseln. So halten sich die Amaryllis in der Vase etwa 10 Tage.

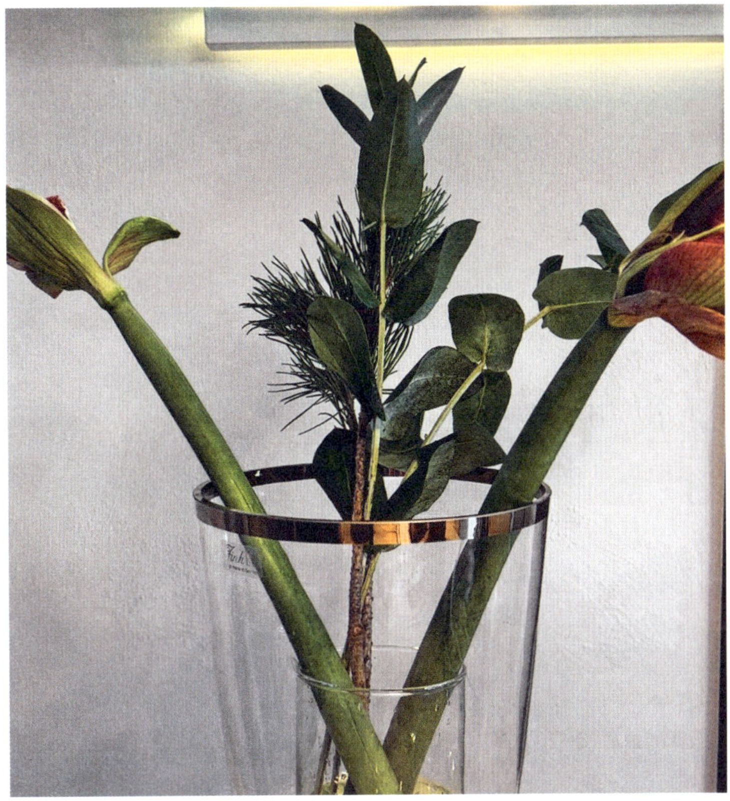

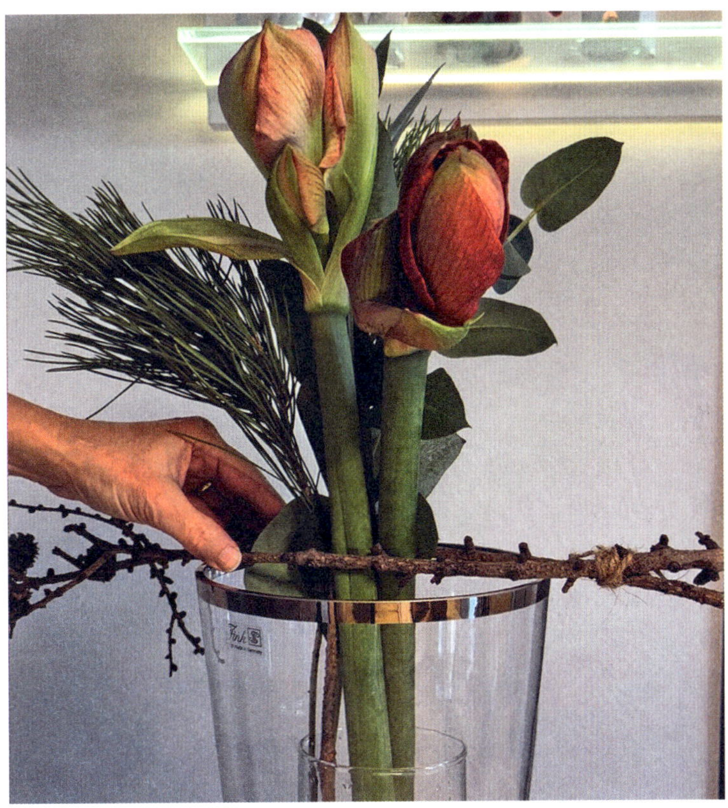

CENTERPIECE MIT BEEREN UND ZAPFEN

Ein Centerpiece mit Zapfen, Beeren und Kerzen schafft eine gemütliche und festliche Atmosphäre und dient als perfekte Dekoration für den Ess- oder den Wohnzimmertisch. In einen schönen Korb gesetzt, kann man so bei Bedarf auch schnell mal Platz schaffen.

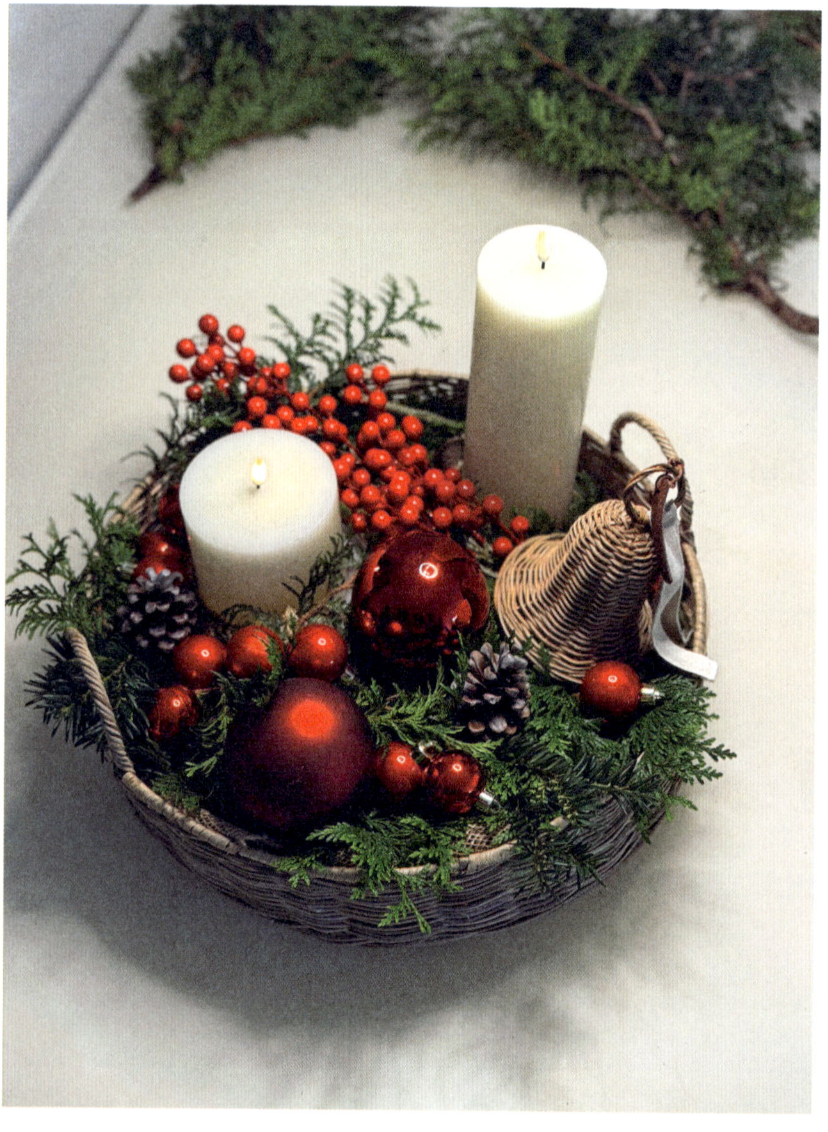

BENÖTIGTES MATERIAL

- 1 flacher Weidenkorb
- 2–3 Zweige Thuja
- 2–3 Zweige Eibe
- 1 Zweig rote Winterbeere
- 10 rote Christbaumkugeln, Ø 3 cm
- 2 rote Christbaumkugeln, Ø 10 cm
- Jutestoff (2–4 m lang)
- 3–5 Zapfen
- 1 Deko-Glocke aus Rattan
- 1 LED-Kerze in Cremeweiß, 7,8 × 20 cm
- 1 LED-Kerze in Cremeweiß, 10,1 × 10 cm

SO WIRD'S GEMACHT

Zunächst den Korb locker mit dem Jutestoff auslegen. Dann die beiden LED-Kerzen etwas zum Rand hin in den Korb stellen.

Den Jutestoff mit den Thuja- und den Eiben-Zweigen bedecken. Den Beerenzweig zwischen die beiden Kerzen legen.

Zum Schluss den Korb im vorderen Bereich mit den roten Christbaumkugeln in zwei Größen dekorieren. Die Deko-Glocke aus Rattan rechts platzieren und in die Zwischenräume 3–5 Zapfen legen.

Tipp:
Katzensicher aufstellen …

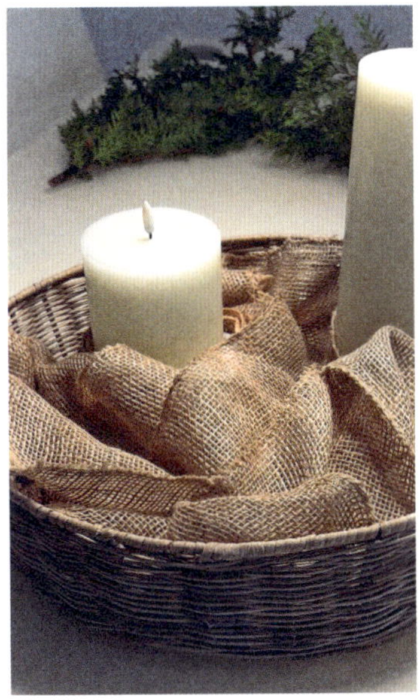

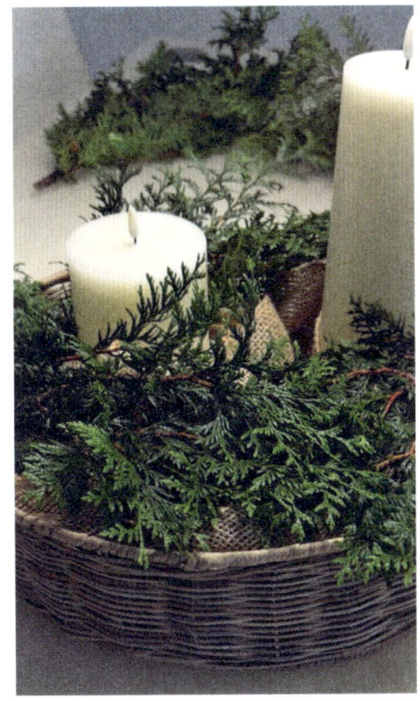

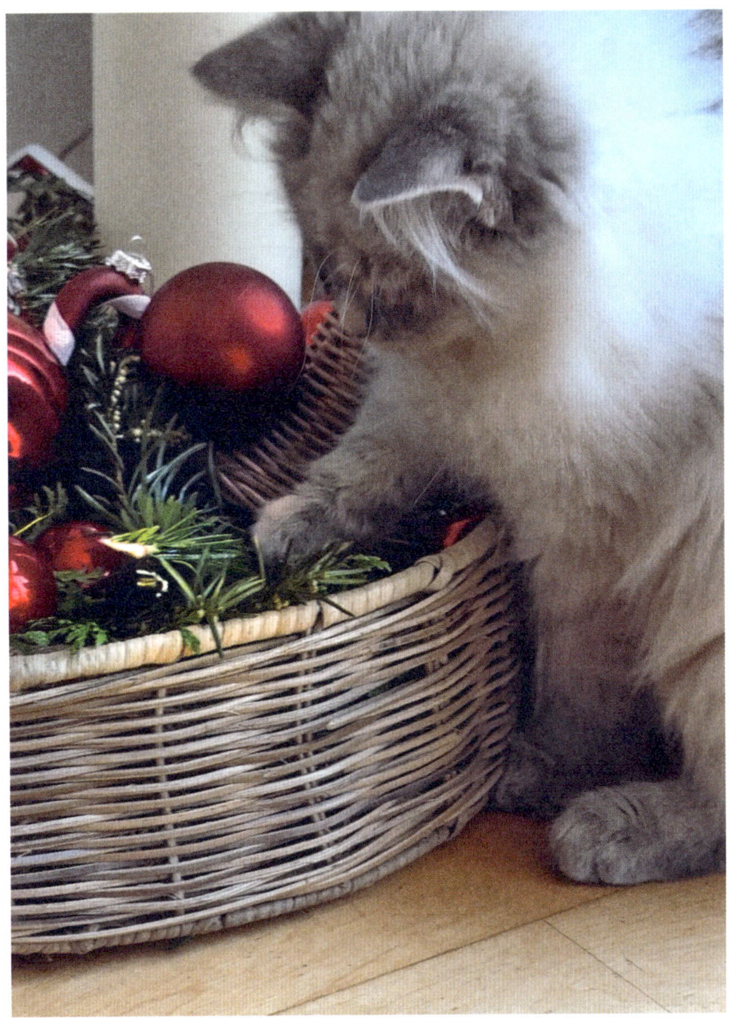

CHRISTMAS FLOATING CANDLES

Ein neuer DIY-Trend bei der Weihnachtsdekoration ist derzeit in aller Munde – und man kann ihn ganz einfach nachmachen: Die »schwimmende Kerze« ist eine kleine optische Täuschung und eine festliche Dekoration in einem.

BENÖTIGTES MATERIAL

- 2 Glasgefäße, Ø 11 cm, 20 cm hoch, und Ø 8 cm, 12 cm hoch
- 1 runde Holzplatte
- 4 Zweigspitzen Thuja
- 2 Schwimmkerzen in Weiß
- 4–6 Zapfen
- 1 Zweig rote Winterbeeren, Hagebutten oder Ähnliches

SO WIRD'S GEMACHT

Zuerst die Thuja-Zweigspitzen in die Glasgefäße geben und jeweils mit 2–3 Zapfen beschweren. Als Farbtupfer ein paar rote Winterbeeren ins Glas geben.

Die Gläser bis etwa 2 cm unter den Rand vorsichtig mit Wasser auffüllen.

Zuletzt die Schwimmkerzen in die Gläser setzen und die Gläser mit einem Zweigchen und einem Zapfen zusammen auf der Holzplatte arrangieren.

Tipp:
Auch Teelichter schwimmen prima, wenn die Aluminium-Umhüllung entfernt wird.

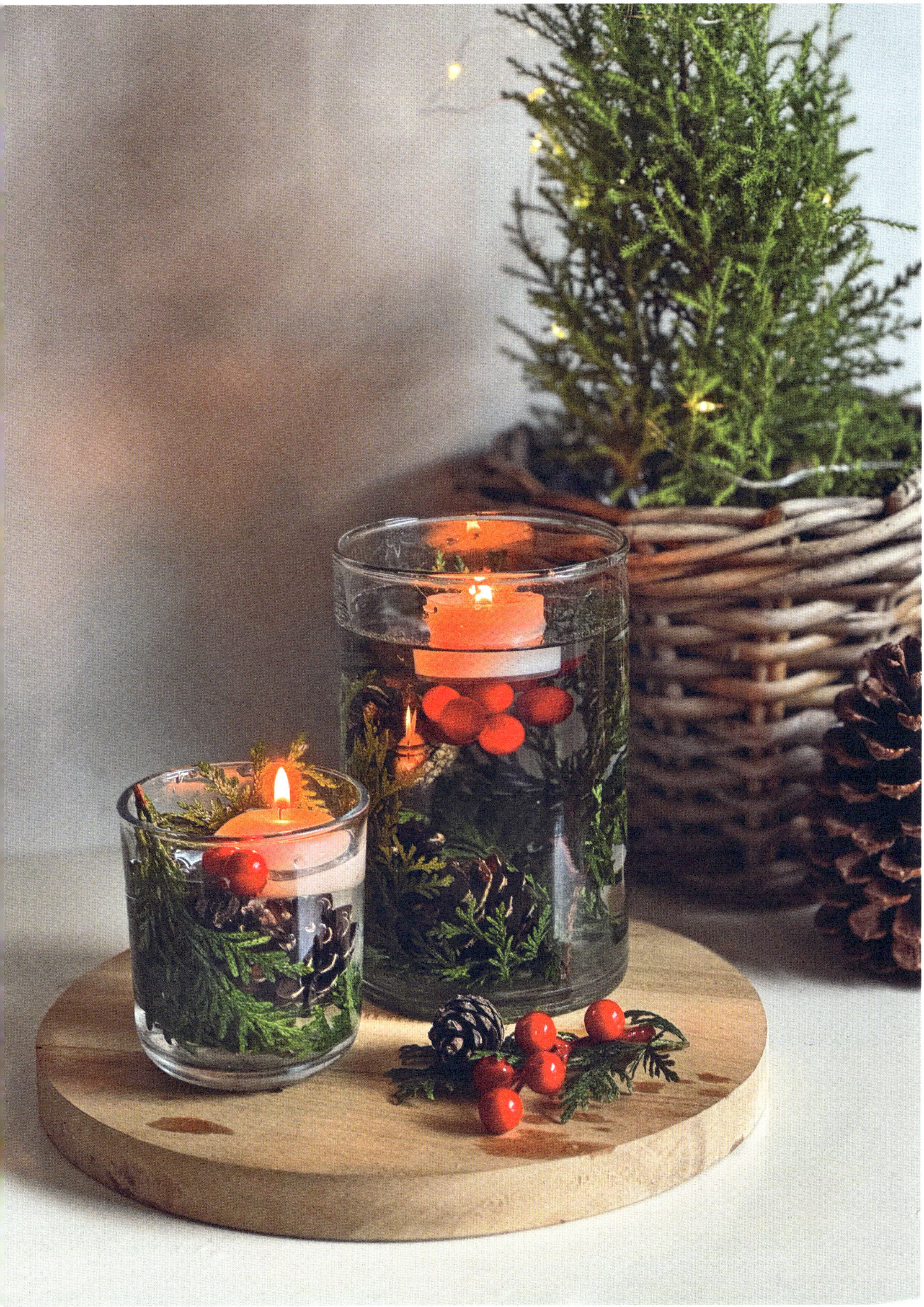

HYAZINTHEN-MIX AUS ZWIEBEL- UND SCHNITTBLUMEN

Im Winter, wenn der Weihnachtszauber verflogen und es draußen aber noch dunkel und kahl ist, sind Hyazinthen ein wunderschöner, duftender Vorbote des Frühlings. Eine Kombination von Hyazinthen als Zwiebeln und als Schnittblumen ist ungewöhnlich und ergibt ein besonders schönes Arrangement.

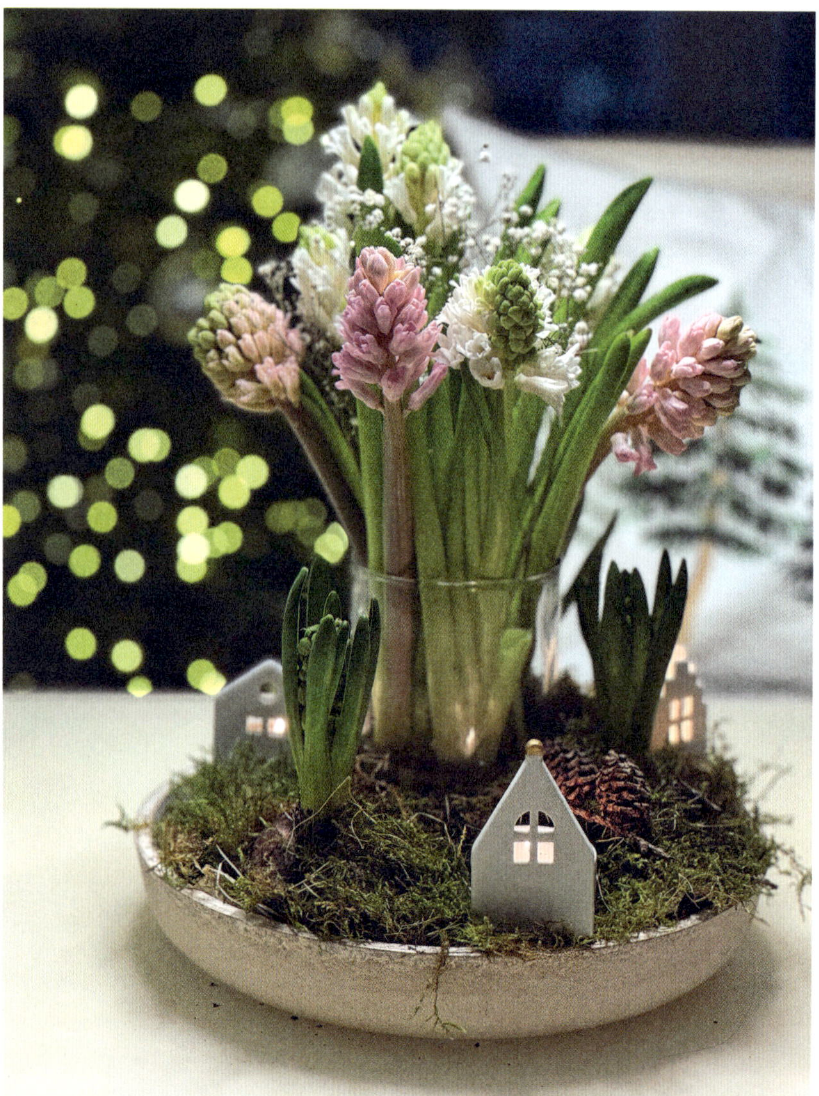

BENÖTIGTES MATERIAL

- 1 Deko-Schale, Ø 29 × 4 cm
- 1 kleine Glasvase, Ø 6,5 cm, 10 cm hoch
- 3 Hyazinthen-Zwiebeln in Rosa
- 9 Schnitt-Hyazinthen in Rosa und Weiß
- 1–2 Zweige Schleierkraut
- 1 Zweig Lärche
- Moos
- Pflanzerde
- Füllmaterial, z. B. Seidenpapier
- 3 Lichthäuschen
- 3 Teelichte

SO WIRD'S GEMACHT

Zuerst Seidenpapier auf den Boden der Schale legen. Dann die drei Hyazinthen-Zwiebeln mit ein wenig Erde daraufsetzen.

Etwas Wasser in die Glasvase geben und die Schnitt-Hyazinthen und das Schleierkraut darin arrangieren. Dann die Vase in die Mitte der Schale stellen. Auf einen stabilen Stand achten und dann alle freien Flächen großzügig mit Moos bedecken.

Zum Schluss die Schale mit den Lichthäuschen, den Teelichten und Lärchenzapfen dekorieren.

Tipp:
Die Hyazinthen-Zwiebeln vorher mindestens eine Stunde gut wässern, dann müssen sie nicht mehr gegossen werden.

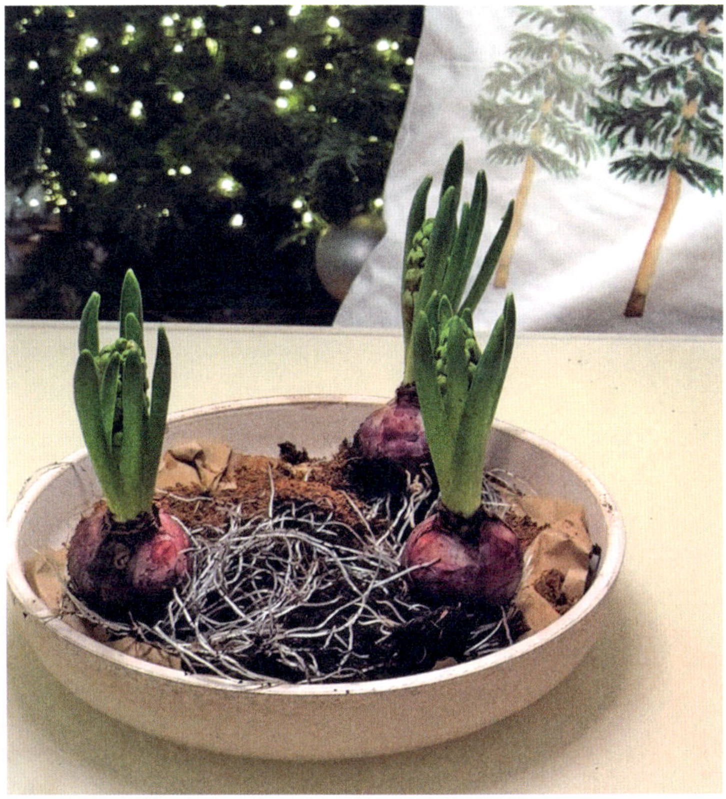

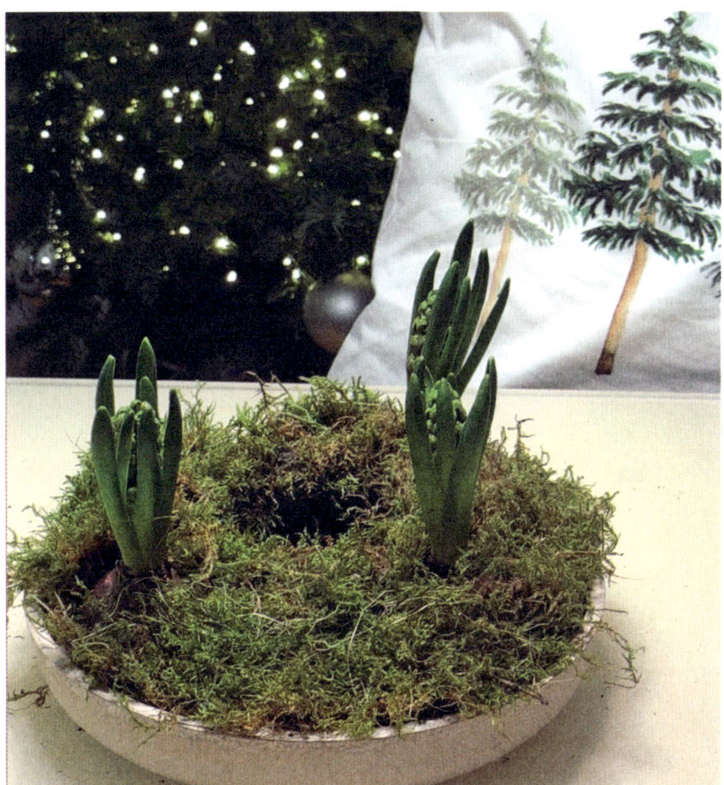

SCHMUCK FÜR DEN WEIHNACHTSTISCH

An Festtagen wie Weihnachten dekoriere ich den Tisch gerne besonders schön, denn bekanntlich isst das Auge ja mit! Ich kann ehrlicherweise überhaupt nicht kochen; dafür ist bei uns der Herzmann zuständig, der glücklicherweise gerne und auch hervorragend kocht. Die Dekoration ist dann immer mein Beitrag zu einem schönen Weihnachtsessen.

BENÖTIGTES MATERIAL

- 1 Bund Tannengrün
- 1 Blockkerze in Weiß
- 1 großer Blockkerzenhalter aus Glas
- Stabkerzen und Stabkerzenhalter, Anzahl je nach Länge des Tischs
- Teelichte und Teelichtgläser, Anzahl je nach Länge des Tischs
- LED-Lichterkette mit Sternen, mit Batterie und Timer
- Tischdecke in Rot
- Zapfen
- ca. 20 Mini-Christbaumkugeln in Dunkelrot
- Christbaumkugeln in Rot, Anzahl je nach Tischlänge

SO WIRD'S GEMACHT

Zunächst den Tisch mit einer passenden Tischdecke bedecken. Am schönsten ist es natürlich, wenn sie farblich zum Geschirr passt. Ich habe mich hier für ein klassisches Rot entschieden.

Anschließend einige lange Tannenzweige längs in der Mitte des Tisches platzieren und eine Lichterkette zwischen die Tannenzweige legen. Dies bildet das Fundament, um rechts und links davon die restliche Dekoration anzuordnen.

In der Mitte des Tisches einen Blickfang aufstellen. Ich habe hierfür meinen großen Blockkerzenhalter aus Glas verwendet und ihn mit kleinen Tannenzweigen und Wasser gefüllt. Den Kerzenhalter mit Mini-Christbaumkugeln dekorieren.

Zu beiden Seiten der Tisch-Deko Stabkerzen und Teelichte in passenden Haltern aufstellen. Dazu sorgen einzelne Tannenzapfen und farblich passende Christbaumkugeln, hier in Dunkelrot, für eine stimmungsvolle Atmosphäre.

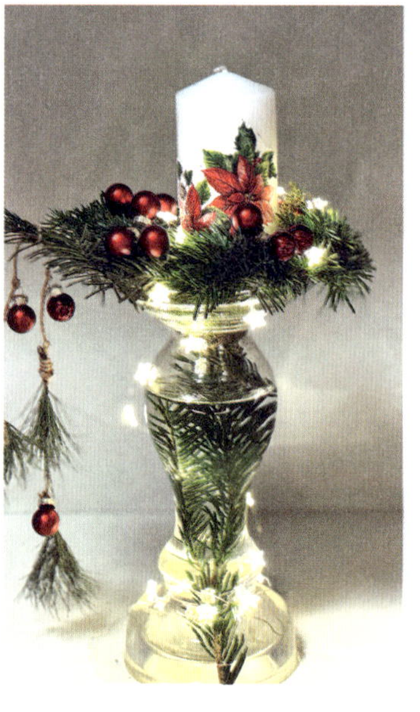

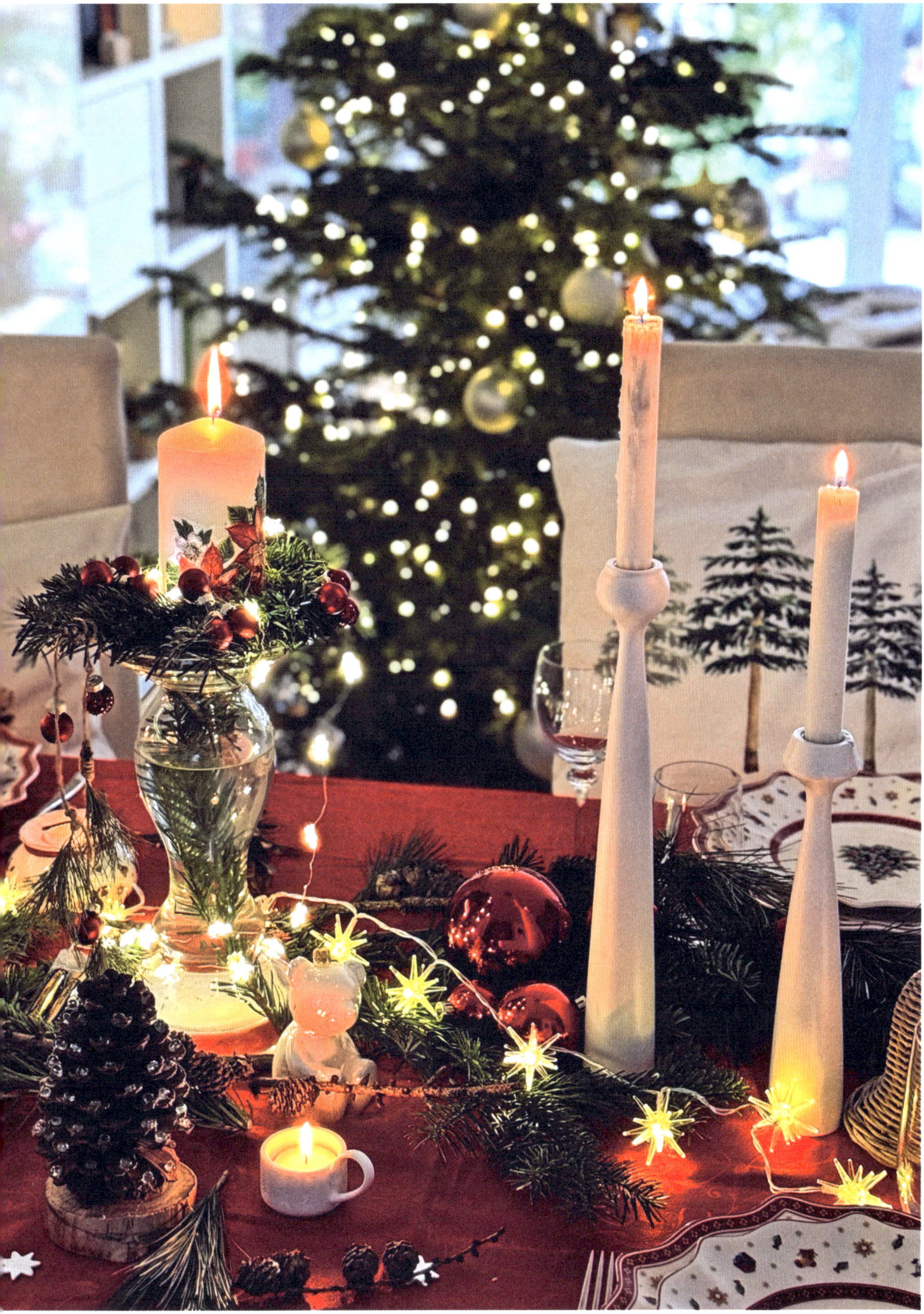

WEIHNACHTLICHE KÜCHENDEKORATION

Die festliche Weihnachtsstimmung zieht bei mir auch in die Küche ein, schließlich verbringt man bei den Weihnachtsvorbereitungen hier viel Zeit. Ein Küchensieb aus Emaille eignet sich gerade hier perfekt als Dekorationselement, z. B. für die Arbeitsplatte oder die Fensterbank.

BENÖTIGTES MATERIAL

- 1 Emaille-Küchensieb
- 1 Glasgefäß
- 1 Zweig Tanne
- 3 Handvoll Heu
- 1 Papprolle von Toilettenpapier
- 1 LED-Drahtlichterkette mit Batterie und Timer
- 10 Weihnachtskugeln in Rot, Ø 4 cm
- 1 kleiner Deko-Hirsch

SO WIRD'S GEMACHT

Das Glasgefäß in das alte Küchensieb aus Emaille stellen. Eine Papprolle, z. B. von einer Rolle Toilettenpapier, als Halterung für den Tannenzweig in das Glas stellen.

Den Tannenzweig in die Papprolle im Glas stecken und darauf achten, dass der Zweig einen guten Halt hat. Wenn nicht, evtl. etwas einkürzen.

Das Emaille-Sieb mit dem Heu als Füllmaterial ausstopfen, sodass das Glas mit der Papprolle nicht mehr zu sehen ist.

Den Tannenzweig mit einer Drahtlichterkette umwickeln und das Batterie-Gehäuse im Heu verstecken. Den Zweig mit Christbaumkugeln schmücken und auch einige in das Sieb legen. Das Arrangement mit einem kleinen Deko-Hirsch vollenden.

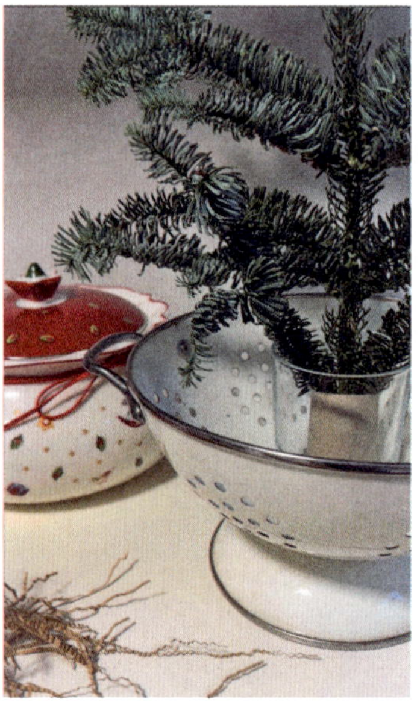

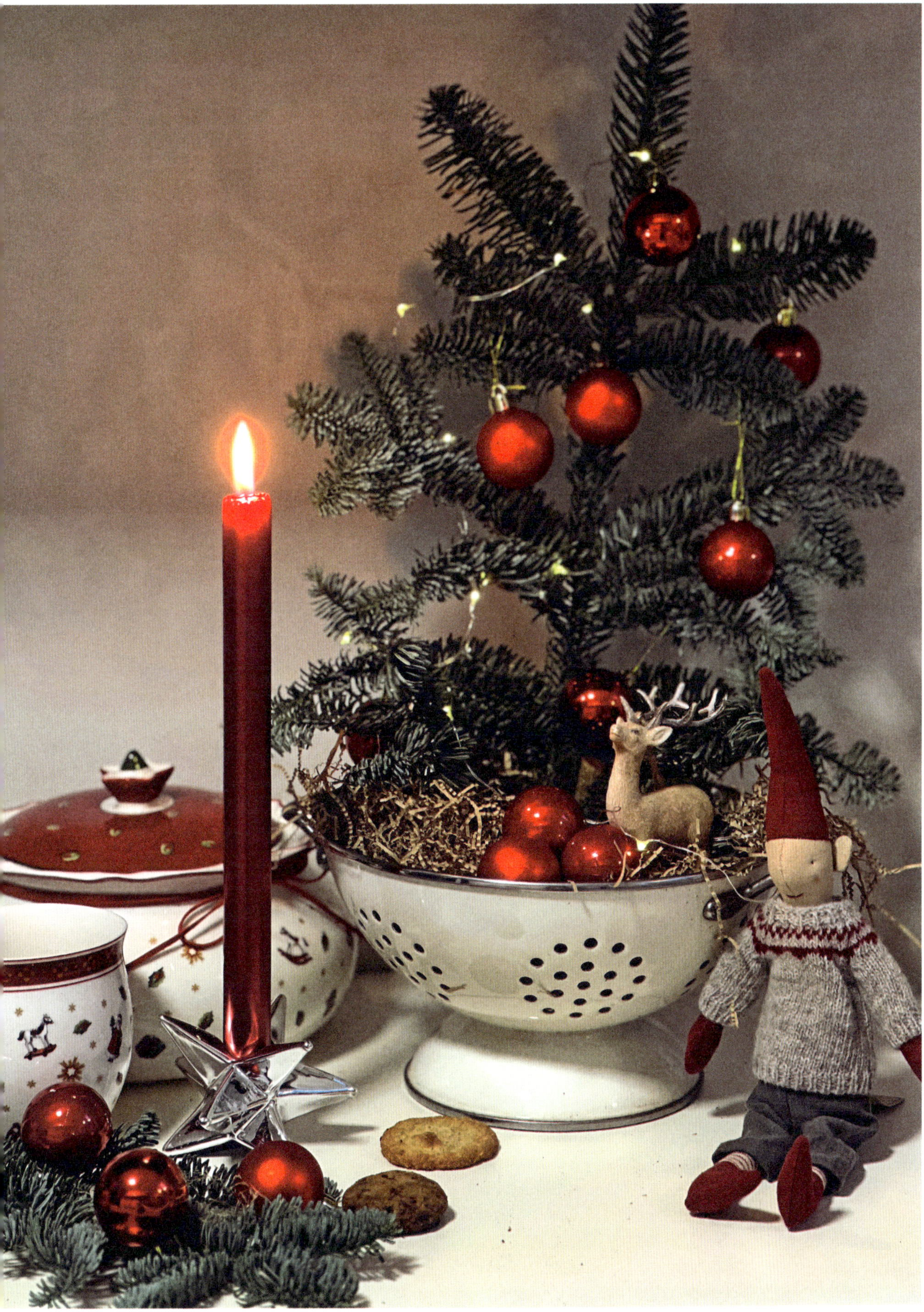

WEIHNACHTSSTERN MIT AMARYLLIS

Weihnachtssterne im Topf sind aus der Vorweihnachtszeit nicht wegzudenken. Am liebsten mag ich sie in Weiß. Aber vielleicht kennst du das auch? Nach einiger Zeit sieht die Pflanze einfach nicht mehr schön aus und lässt die Blätter hängen. Einzelne, noch schöne »Blüten« kann man aber noch wunderbar verwenden, z. B. für dieses dekorative Arrangement mit Amaryllis und Eukalyptus.

BENÖTIGTES MATERIAL

- 1 Deko-Teller mit Fuß in Silber
- Moos
- 1 ausgetriebene Amaryllis-Zwiebel
- 1 Zweig Eukalyptus
- 1 Weihnachtsstern-»Blüte« in Weiß
- 3–4 Zapfen
- 1 flache Konservendose
- 1 schmale Konservendose
- 1 LED-Drahtlichterkette mit Batterie und Timer
- Streu-Deko nach Wahl
- Blumendraht

Vorsicht giftig!
Der Weihnachtsstern ist ein Wolfsmilchgewächs. Die Pflanze ist nicht zum Verzehr geeignet, und bei Kontakt mit dem Milchsaft kann es zu Hautreizungen kommen.

SO WIRD'S GEMACHT

Die Konservendosen säubern und die Etiketten entfernen. Dann die flache Dose verkehrt herum, mit der Öffnung nach unten im hinteren Bereich auf den Deko-Teller stellen, die schmale Dose mit der Öffnung nach oben in den vorderen Bereich.

Den gesamten Teller inklusive der beiden Dosen mit Moos bedecken. Die vordere Dose gut in das Moos einbetten, sodass sie kaum zu sehen ist.

Die Amaryllis-Zwiebel mit Moos umwickeln und auf die umgedrehte Dose setzen. Daneben einen Eukalyptuszweig durch das Moos stecken.

Die vordere Dose mit möglichst kaltem Wasser füllen. Vom Weihnachtsstern eine »Blüte« abschneiden, in heißes Wasser tauchen (siehe Tipp) und in die Blechdose stellen.

Zum Schluss die Zapfen und Streu-Deko nach Wahl hinzufügen und alles mit einer Drahtlichterkette umwickeln.

Tipp:
Weihnachtssterne können als Schnittblumen in der Vase bis zu 14 Tage lang halten. Dazu die Enden schräg anschneiden und die Stielenden für 3–5 Sekunden in 60 °C heißes Wasser tauchen, damit der Milchsaft nicht mehr fließt. Dann sofort in möglichst kaltes Wasser in die Vase stellen.

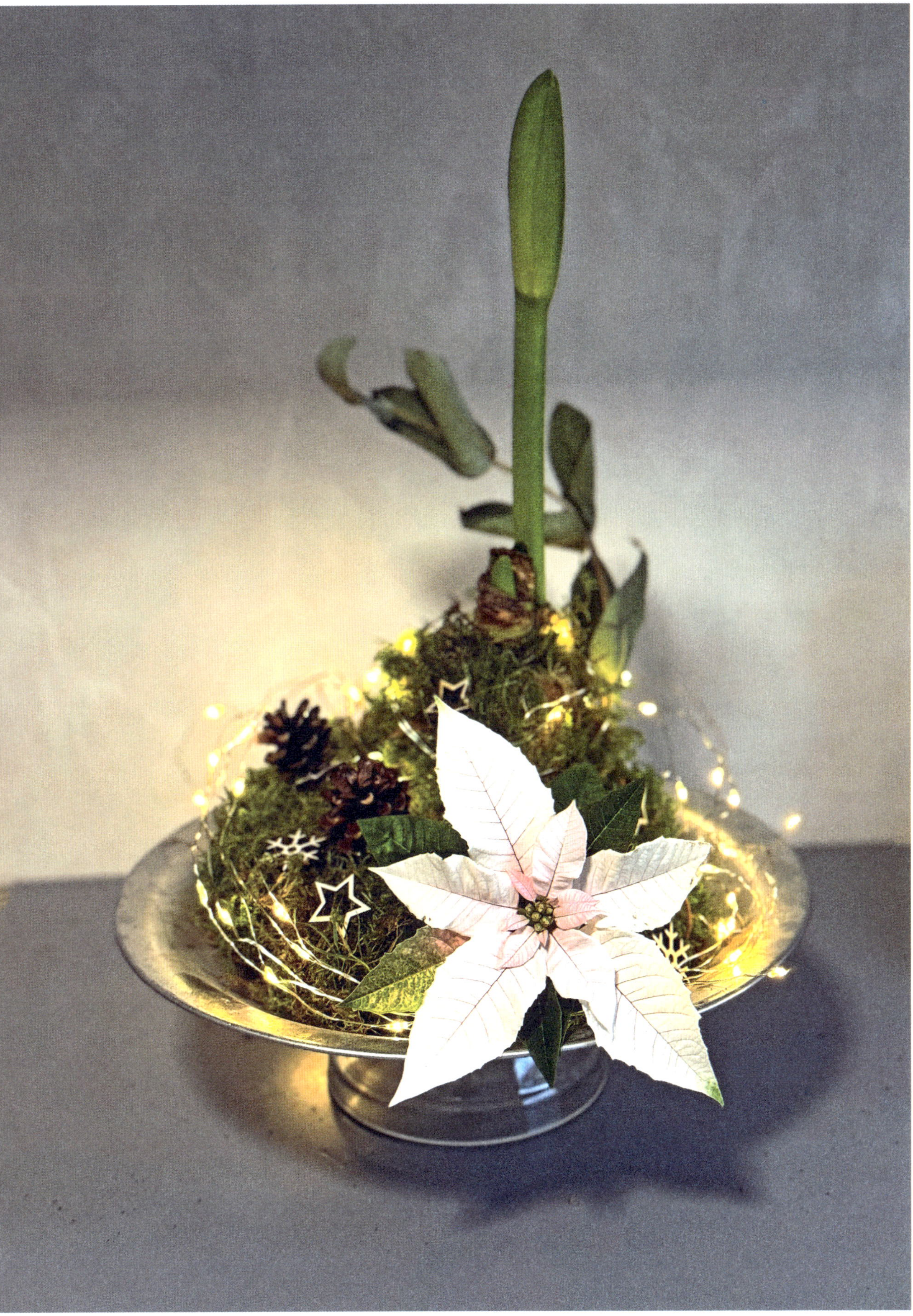

HYAZINTHEN IN WACHS

Gerade zur Winterzeit schafft man mit Kerzen eine heimelige Atmosphäre. Nach einiger Zeit fallen dadurch sehr viele Kerzenreste an. Das übrig gebliebene Wachs eignet sich aber prima, um Hyazinthen oder auch Amaryllis selbst zu wachsen, denn das ist eine hübsche Deko-Idee, die im Handel recht teuer ist. Hyazinthen und Amaryllis brauchen von Natur aus wenig Wasser. Sobald die Zwiebeln im Wachs sind, müssen sie nicht mehr gegossen werden!

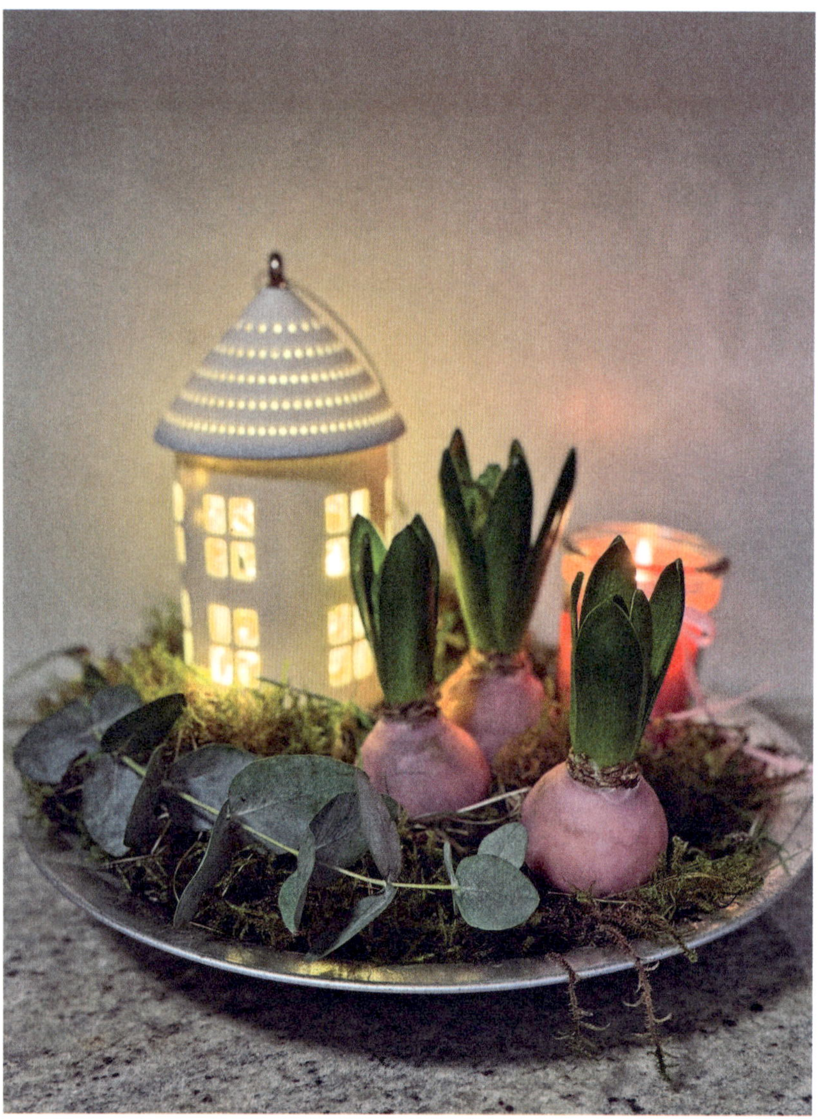

BENÖTIGTES MATERIAL

- 1 ausgetriebene Hyazinthen-Zwiebel
- Reste von Kerzen in Weiß oder Rosa
- 1 Kochtopf
- 1 alte Konservendose
- optional 1 Wachsmalstift in Rot
- 1 Schaschlikspieß
- Backpapier

SO WIRD'S GEMACHT

Zuerst die Zwiebel vorsichtig von der Erde befreien und mindestens eine Stunde lang wässern, am besten sogar über Nacht. Dann alle Wurzeln vorsichtig abschneiden.

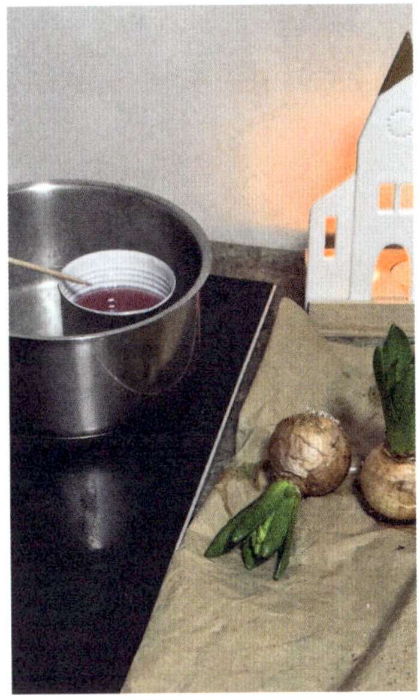

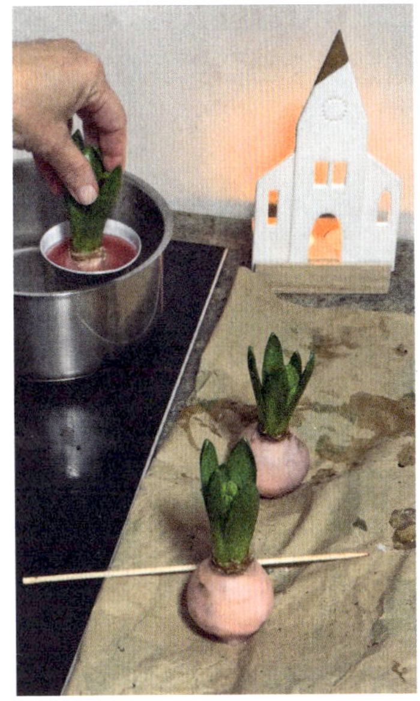

Wasser in einen Topf geben und eine alte Konservendose hineinstellen. Die Wachsreste mit einem Messer zerkleinern und in die Dose geben. Das Wachs im Wasserbad erhitzen, bis es flüssig ist.

Bei weißem Wachs kann man für eine schöne Färbung ein Stück von einem roten Wachsmalstift abkratzen und in das heiße Wachs geben. Alles gut mit einem Schaschlikspieß verrühren. Wenn Dochtreste im Wachs schwimmen, mit dem Spieß herausfischen.

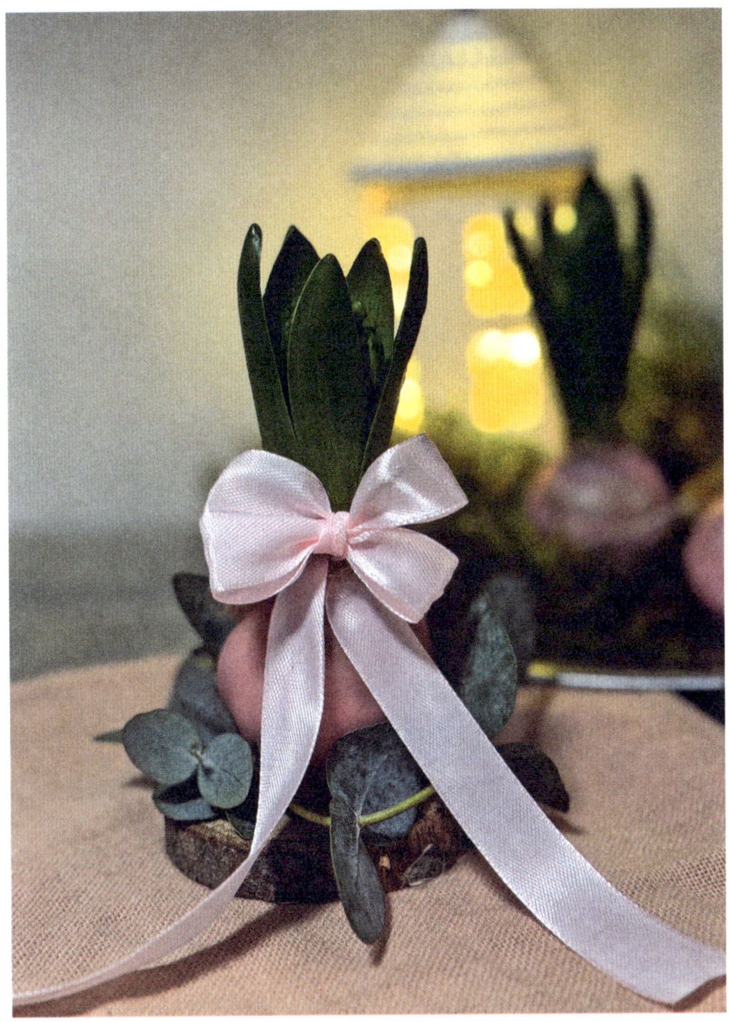

Die Zwiebel ins heiße Wachs tauchen und wieder herausnehmen. Das Wachs kurz antrocknen lassen und den Vorgang einige Male wiederholen. Die Hyazinthe zum vollständigen Festwerden auf das Backpapier legen.

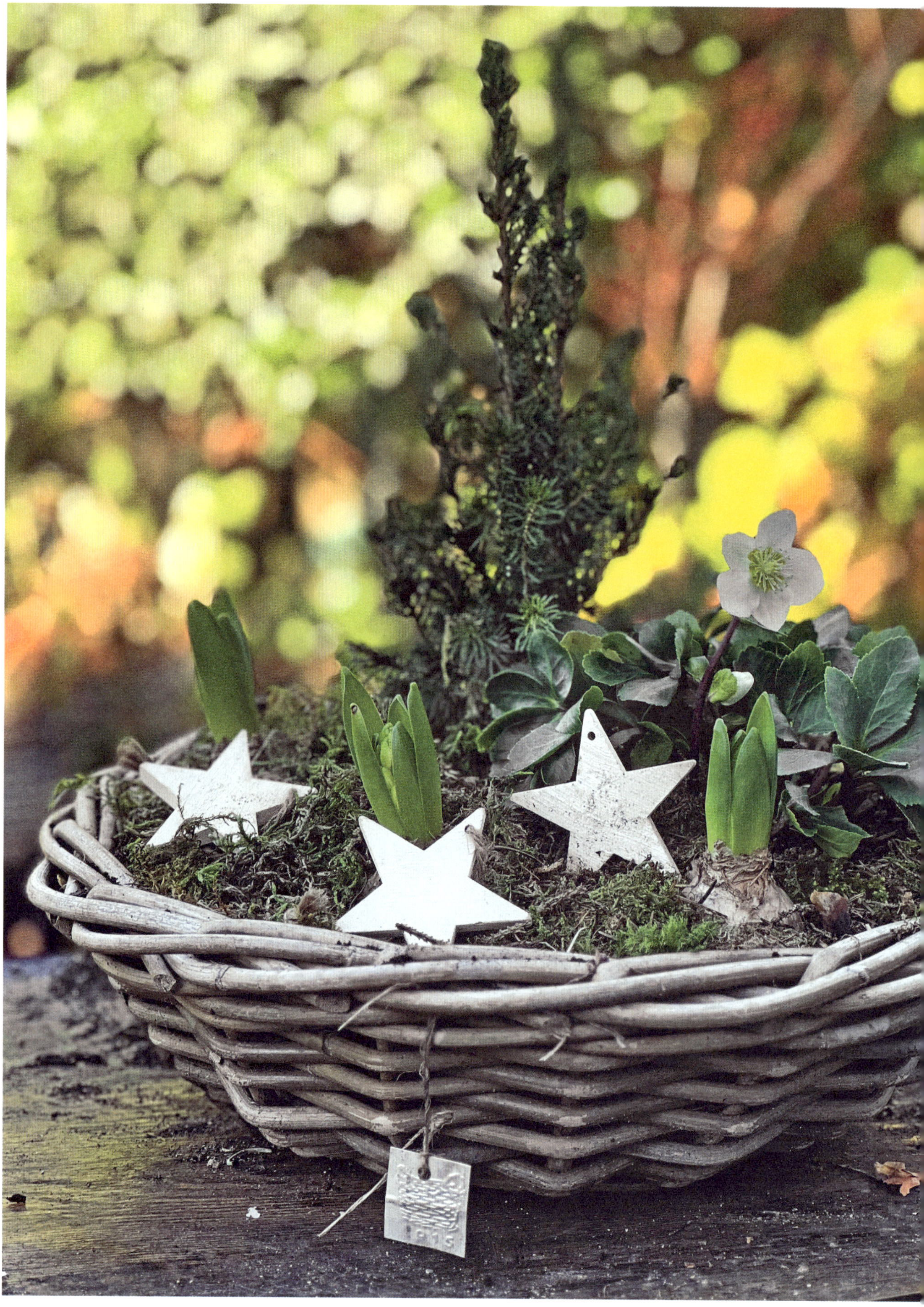
1915

WINTERLICHE KÖRBE

Wer mich von Instagram her kennt, dem wird meine Korbliebe nicht entgangen sein. Körbe eignen sich einfach wunderbar für natürliche Deko-Ideen!
Die Rattan-Körbe kann man im Winter mit winterharten Pflanzen bepflanzen, die auch bei niedrigen Temperaturen gut gedeihen. Dazu gehören neben immergrünen Pflanzen wie Efeu und Winterheide auch Christrosen und später sogar Frühjahrsblüher. Dabei unbedingt auf eine gute Drainage achten und das Gießen nicht vergessen!

HYAZINTHEN UND CHRIST-ROSEN IM KÖRBCHEN

Gerade nach der Weihnachtszeit und bevor sich die Frühjahrsblüher zeigen, fällt es manchmal schwer, frische, natürliche Materialien zum Dekorieren zu finden. Aber zum Glück gibt es Christrosen, die von Dezember bis Februar und häufig auch länger wunderbar blühen! Zusammen mit den ersten Hyazinthen-Zwiebeln bilden sie im Korb eine schicke Kombination. Und sobald der Boden für längere Zeit nicht mehr gefroren ist, können die Pflanzen direkt ins Beet gepflanzt werden und machen im Korb Platz für die ersten Frühlingsblumen. Christrosen sind nicht dafür geeignet, dauerhaft in der Wohnung zu wachsen. Am wohlsten fühlen sie sich im Garten.

BENÖTIGTES MATERIAL

- 1 Rattan-Pflanzkorb mit Folie, Ø 40 cm, 10 cm hoch
- 1 Christrose im Topf
- 3 ausgetriebene Hyazinthen-Zwiebeln in Weiß
- Moos
- 1 Zweig Lärche oder Zapfen
- Erde
- 1 LED-Outdoor-Lichterkette mit Batterie und Timer
- optional 2 Holzsterne

SO WIRD'S GEMACHT

Zuerst kleine Löcher in die Folie des Pflanzkorbs schneiden, damit keine Staunässe entsteht. Anschließend den Korb mit Erde füllen.

Die Christrose in den hinteren Teil einpflanzen und die drei Hyazinthen in einem Halbkreis vor der Christrose platzieren.

Die Erde mit Moos bedecken und die Zwischenräume zwischen den Pflanzen mit Zapfen füllen. Zum Schluss eine Lichterkette um die Zapfen und auf dem Moos drapieren.

Tipp:
Im Freien dekorierte Lichterketten nicht gleich nach Weihnachten wegräumen! Sie bringen willkommenes Licht in die Dunkelheit, solange die Tage kurz sind.

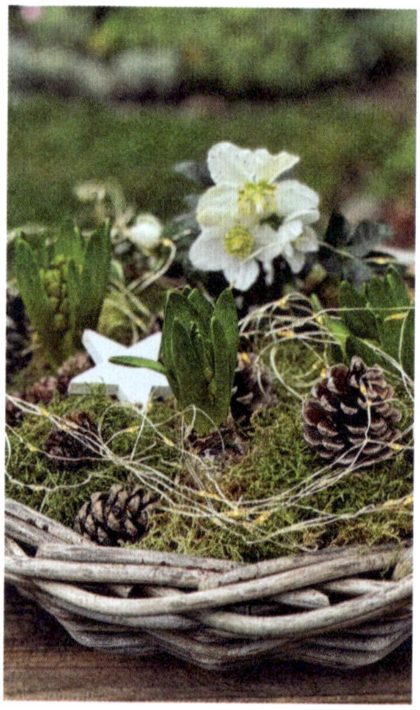

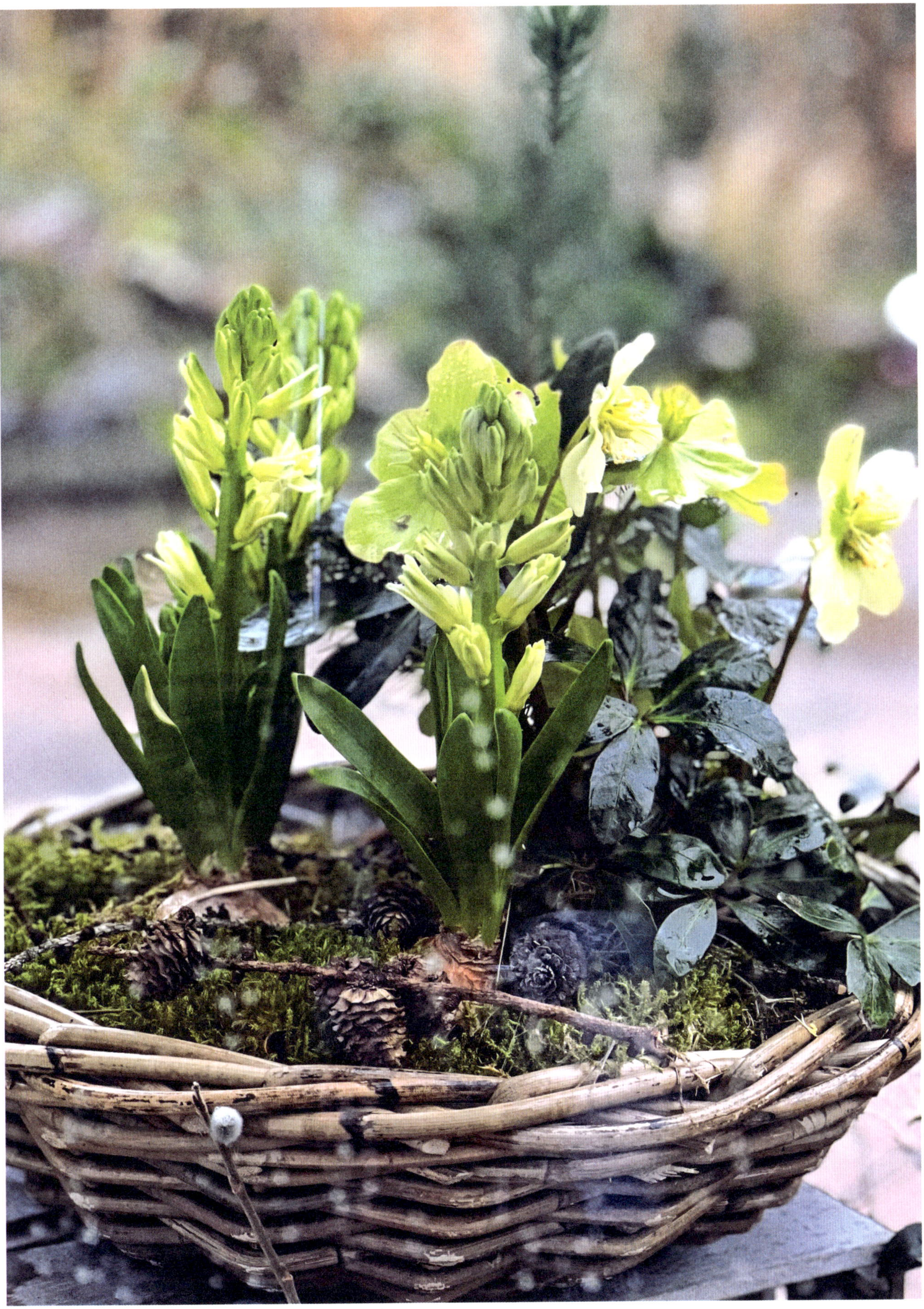

KORB MIT ALPEN-VEILCHEN UND KERZE

Zu jeder Jahreszeit bepflanze ich meine Körbe neu. Manchmal bediene ich mich auch direkt aus meinem Garten. Die Christrose und die kleine Thuja habe ich für diese Deko im Garten ausgegraben. Später, wenn ich den Korb im Frühling neu bepflanze, dürfen sie wieder zurück ins Beet.

BENÖTIGTES MATERIAL

- 1 Rattan-Pflanzkorb (Drypot), Ø ca. 40 cm, ca. 18 cm hoch
- 1 Christrose
- 1 Thuja
- 1 Alpenveilchen in Weiß
- 1 großer Zapfen
- 1 Kerzenglas
- 1 LED-Stumpenkerze,
- 1 alte Konservendose, Ø kleiner als das Windlicht
- 1 LED-Outdoor-Lichterkette mit Batterie und Timer

SO WIRD'S GEMACHT

Darauf achten, dass der Drypot über ausreichend Drainagelöcher verfügt, damit überschüssiges Wasser abfließen kann und die Wurzeln nicht faulen.

Den Boden des Drypot mit Erde bedecken. Die Pflanzen aus ihren Töpfchen nehmen und die leeren Pflanztöpfe an die gewünschten Stellen platzieren. Jetzt kannst du den ganzen Korb einfach mit Erde auffüllen. Dann die Pflanztöpfe herausnehmen und die Pflanzen an ihre Stelle setzen: die Thuja hinten rechts, die Christrose links daneben und das blühende Alpenveilchen in den Vordergrund.

Das Windlicht hinter dem Alpenveilchen etwas in die Erde drücken. Die Dose mit der Öffnung nach unten in das Glas stellen und die Kerze daraufstellen. So ist sie trotz der Pflanzen davor gut sichtbar.

Zuletzt einen großen Zapfen im Vordergrund in den Korb legen und eine Lichterkette um den ganzen Korb wickeln.

Robustes Rattan:
Rattan-Körbe sind in der Regel wetterfest, denn Rattan als Material ist recht widerstandsfähig. Das gilt besonders für sogenannte Drypots®-Pflanzkübel, die wesentlich langlebiger sind als traditionelle Körbe, da das Korbmaterial keinen direkten Bodenkontakt hat. Ein robuster, wasserdichter Kunststoff-Einsatz sitzt auf dem Boden auf und schützt das Rattan vor Feuchtigkeit. Dennoch sollte man Körbe aus Rattan im Winter lieber an einem geschützten Ort aufstellen, um sie vor starkem Frost und heftigem Wind zu schützen. So bleiben die Körbe lange schön, und auch die Pflanzen sind so geschützt.

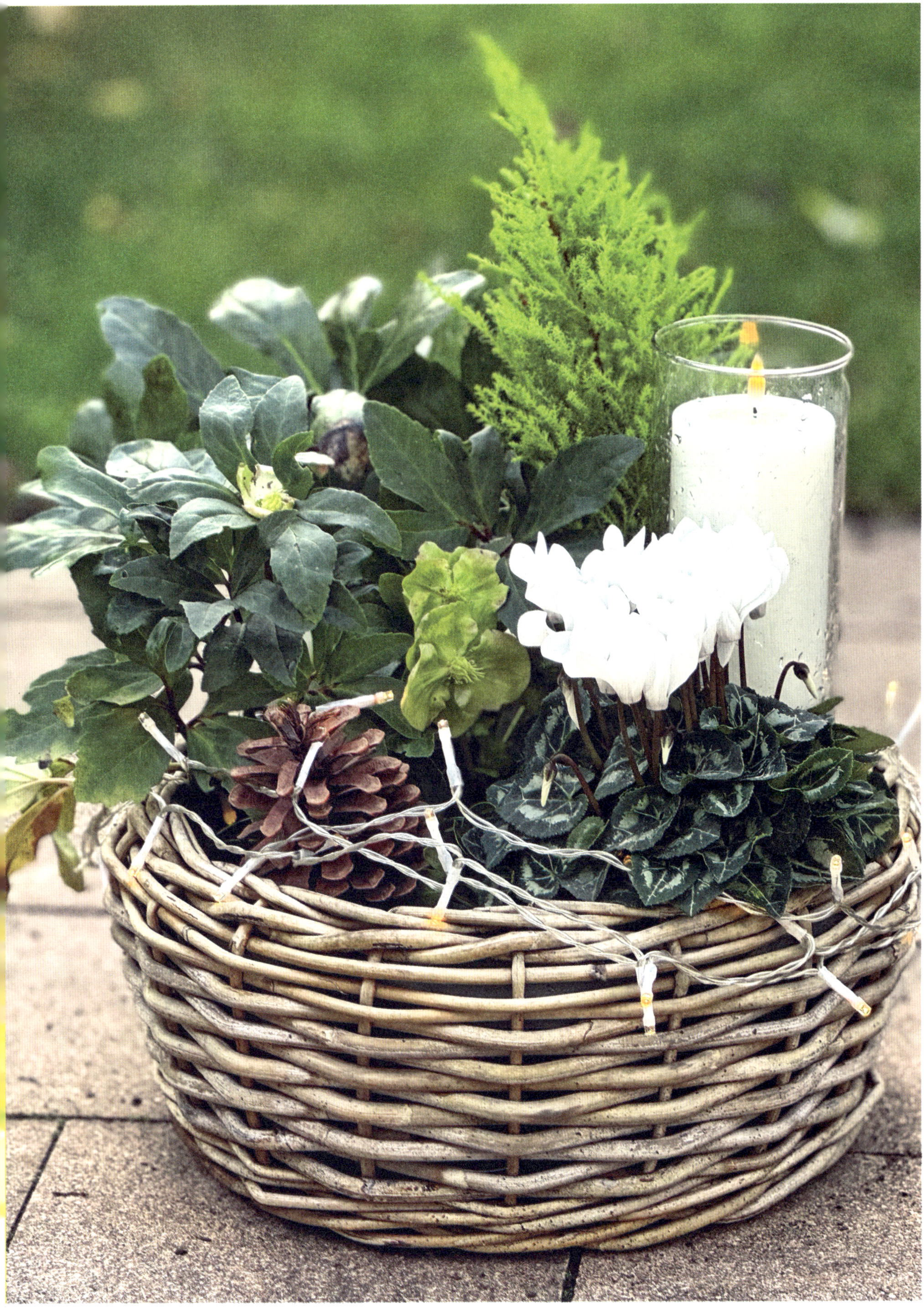

NACHHALTIGER MINI-WEIHNACHTSBAUM

Die Schirmkiefer ›Blu‹ gibt es um die Weihnachtszeit häufig aus biologischem Anbau als Mini-Weihnachtsbaum im Topf. Die kleine Pinie ist nicht nur pflegeleicht, sondern auch noch mehrjährig! Das macht diese Wahl ganz besonders nachhaltig, denn wenn sie das restliche Jahr eingepflanzt im Garten verbringt, kann sie Jahr für Jahr Teil der Weihnachtsdekoration werden.

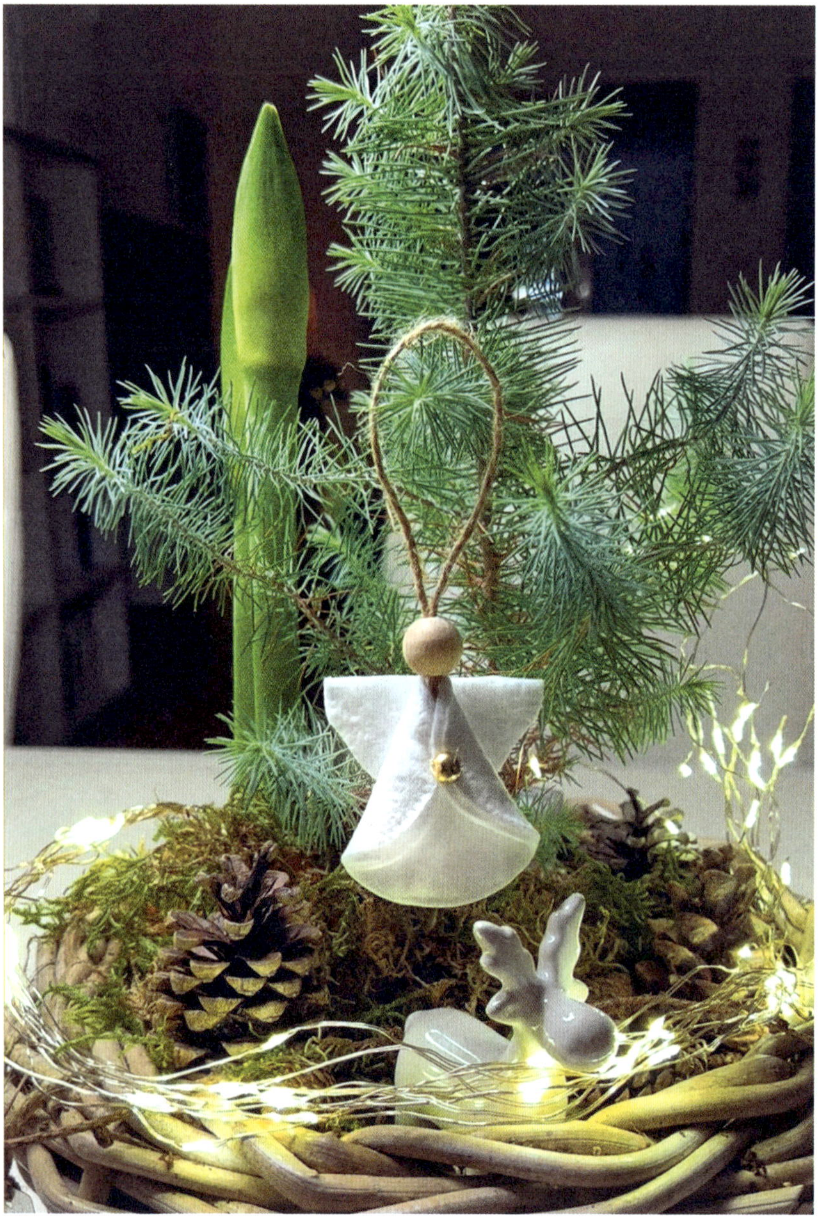

BENÖTIGTES MATERIAL

- 1 Rattan-Pflanzkorb (Drypot), Ø ca. 32 cm, ca. 23 cm hoch
- 1 kleine Schirmkiefer
- 1 ausgetriebene Amaryllis im Wachsmantel
- Moos
- 3 Zapfen
- Füllmaterial, z. B. Zeitungspapier
- 1 kleiner Deko-Elch aus Porzellan
- optional 1 Watte-Engelchen
- 1 LED-Drahtlichterkette mit Batterie und Timer

SO WIRD'S GEMACHT

Die Schirmkiefer samt Pflanztopf etwas seitlich in den Rattan-Korb setzen. Den Korb mit Füllmaterial, z. B. zerknülltem Zeitungspapier, auffüllen und anschließend mit einer Schicht Moos bedecken.

Auf das Moos neben die Schirmkiefer eine ausgetriebene Amaryllis im Wachsmantel setzen. Du kannst die Amaryllis-Zwiebel dafür auch selbst wachsen (siehe S. 72).

Dann ein paar Zapfen und einen kleinen Deko-Elch auf das Moos setzen. Die Drahtlichterkette um den Korbrand legen und das Batteriegehäuse hinter dem Korb verstecken.

Wenn du möchtest, kannst du auch noch einen kleinen Engel aus Wattepads basteln und an die Kiefer hängen.

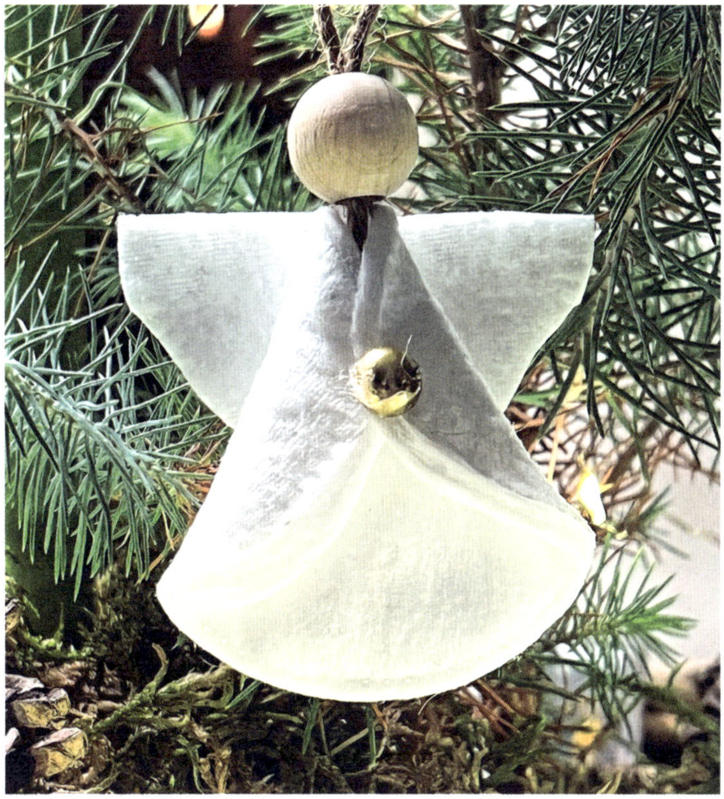

Watte-Engelchen

BENÖTIGTES MATERIAL

- 2 Wattepads
- 1 Holzperle, Ø 1 cm
- 1 Kugel in Gold Ø 0,2 cm
- Juteband
- Bastelkleber

SO WIRD'S GEMACHT

Die Juteschnur als Aufhängeband doppelt durch die Holzperle ziehen und unten verknoten. Die Holzperle mittig über ein Wattepad legen und den Knoten darauf festkleben. Das obere Drittel des Wattepads nach innen falten und mit Bastelkleber fixieren. Auf der anderen Seite wiederholen. Das zweite Wattepad in der Mitte durchschneiden und an der runden Seite kleine Wölbungen einschneiden, um die Flügel zu formen. Die Flügel mit Bastelkleber auf den Rücken des Engels kleben. Zum Abschluss mit einer kleinen goldenen Kugel verzieren.

ZUCKERHUTFICHTE FÜR DEN HAUSEINGANG

Die Zuckerhutfichte ist eine besonders beliebte Weihnachtsbaumart, die durch ihre schlanke und kegelförmige Wuchsform besticht. Sie hat dichtes, dunkelgrünes Nadelwerk, das einen intensiven Duft verströmt und eine festliche Atmosphäre schafft. Zur Weihnachtszeit dekoriere ich gerne mit der Zuckerhutfichte und schmücke sie mit funkelnden Lichtern, glitzernden Kugeln und anderen Weihnachts-Accessoires.

BENÖTIGTES MATERIAL

- 1 Rattan-Pflanzkorb mit Folie, Ø 20 cm oben
- 1 Zuckerhutfichte
- 7 Zapfen
- fester Draht
- 30–40 Kugeln in Rosa, unterschiedlich groß
- 1 LED-Drahtlichterkette mit Batterie und Timer

SO WIRD'S GEMACHT

Die kleine Zuckerhutfichte mit dem Pflanztopf in den Korb stellen und den Baum mit der Lichterkette dekorieren.

An den Zapfen jeweils ein Stück Draht befestigen und die Zapfen schön verteilt in den Baum hängen.

Ein Stück Draht etwa 10 cm länger als der Umfang des Korbrands abschneiden und an einem Ende eine kleine Schlaufe formen. Dann die Christbaumkugeln nach Größen gemischt auf den Draht fädeln. Den Kugel-Draht oben um den Korb legen, zu einem Ring schließen und die Enden verdrehen.

Tipp:
Die Zuckerhutfichte sollte nicht länger als 14 Tage drinnen stehen. Am wohlsten fühlt sie sich nämlich draußen, an der kalten Winterluft.

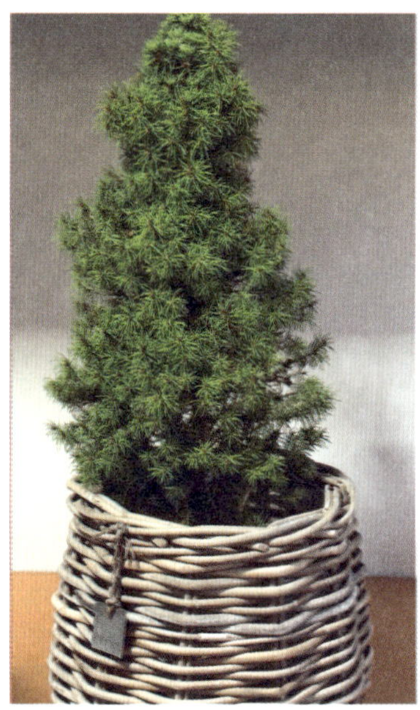

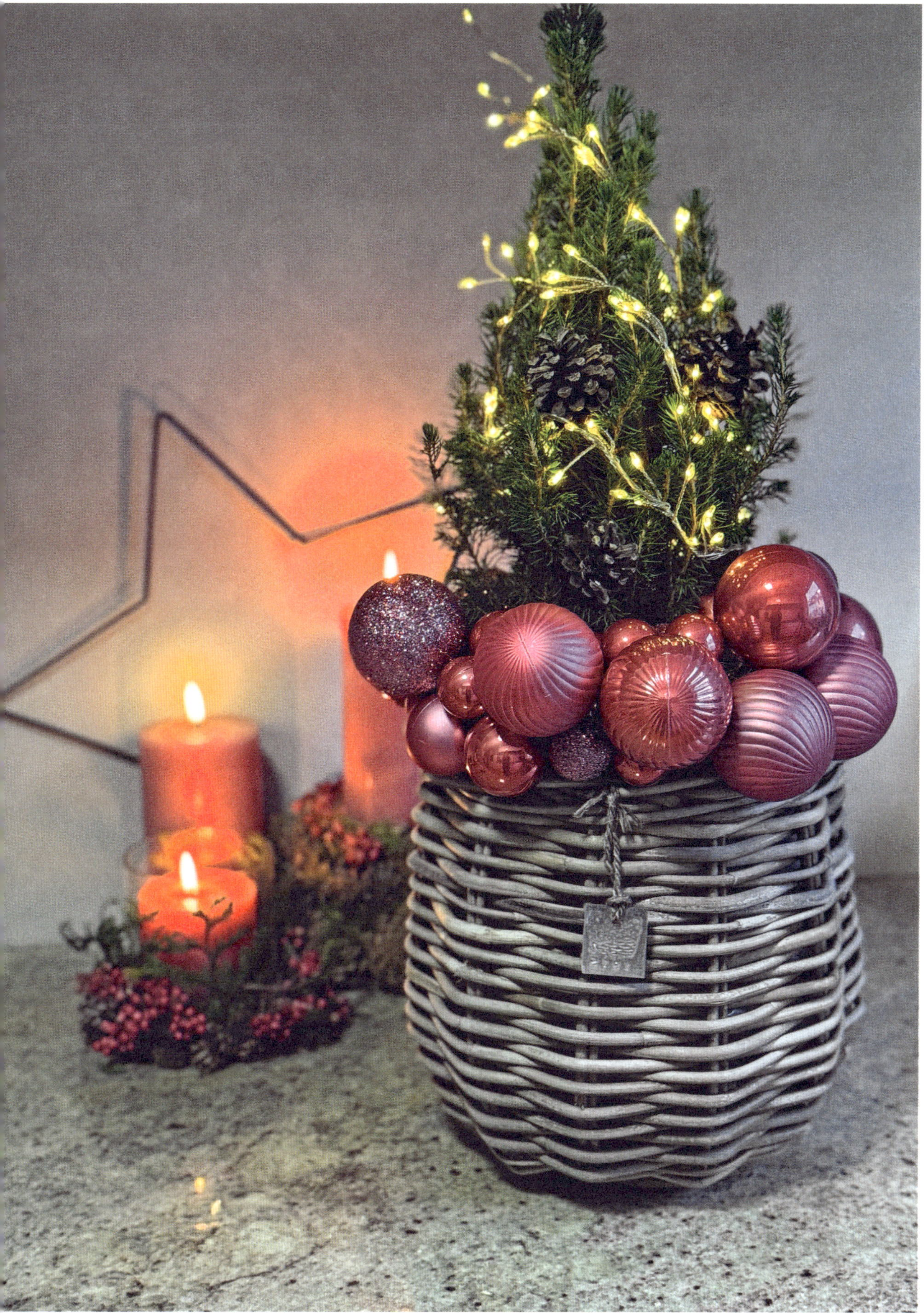

EIN TRAUM IN ROSA

In diesem Korb steckt mehr, als man auf den ersten Blick vermuten würde. Die frischen Blumen in Kombination mit der Kerze sorgen für ein ansprechendes und einladendes Dekorationselement. Dieses Projekt ist nicht nur einfach umzusetzen, sondern auch eine schöne Möglichkeit, nach Weihnachten das eigene Zuhause zu verschönern und eine warme Atmosphäre zu schaffen.

BENÖTIGTES MATERIAL

- 1 Rattan-Pflanzkorb mit Folie, Ø 16 cm
- 1 hohe, zylinderförmige Glasvase, Ø 9 cm, ca. 25 cm hoch
- 1 niedrigere Glasvase, Ø 14 cm, 16 cm hoch
- 1 alte Konservendose
- 20 Tulpen in Rosa
- 1 Blockkerze in Rosa

SO WIRD'S GEMACHT

Zunächst etwas Wasser in die niedrige, breitere Vase geben und die hohe Vase hineinstellen. Dann beide Vasen in den Korb stellen.

Die Konservendose mit der Öffnung nach unten in die hohe Vase stellen und die Blockkerze daraufsetzen. Darauf achten, dass die Kerze gut sichtbar ist, damit die Deko-Idee entsprechend wirken kann.

Nun die Tulpen mit einem scharfen Messer gerade anschneiden, die Blätter im unteren Stängelbereich entfernen und in der äußeren Vase arrangieren.

Tipp:
Bei Tulpen genügen 2–3 cm Wasser in der Vase. So wird ihr Wachstum ein wenig verzögert, weil die Stiele weniger Wasser aufnehmen können.

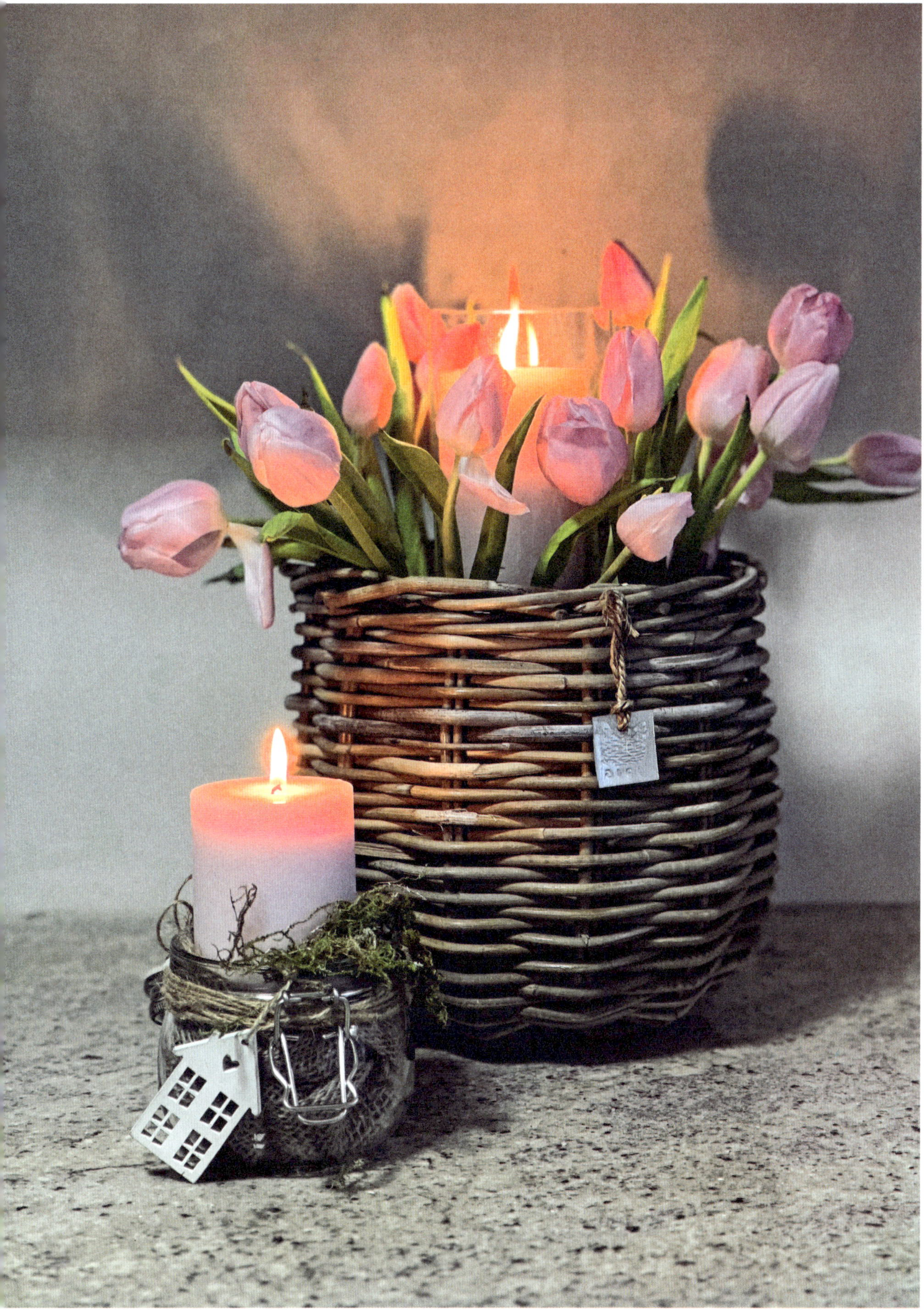

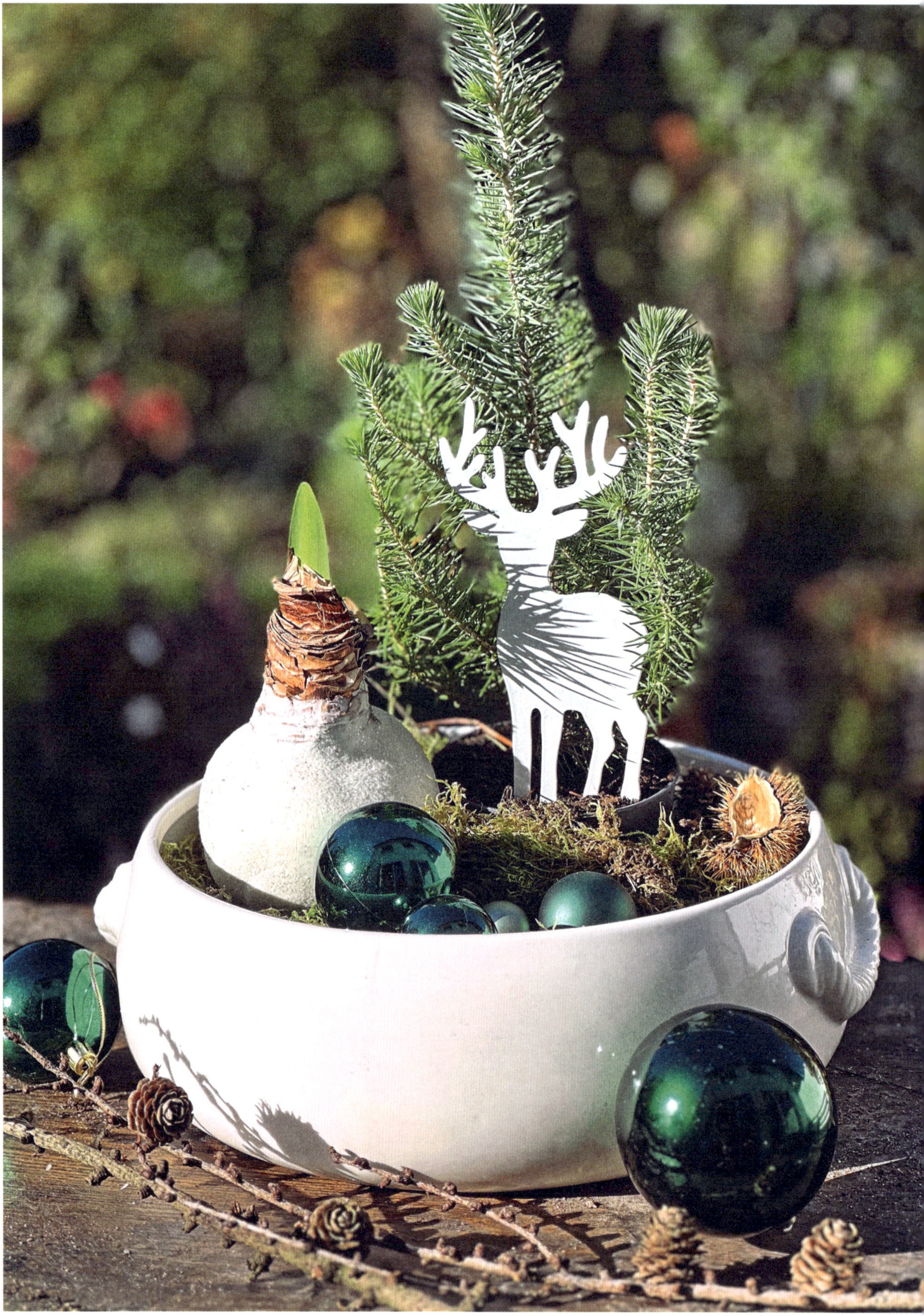

DEKORATIVE IDEEN

In einem Zuhause gibt es so viele Möglichkeiten, Dekorationen zu platzieren! Ob auf einem Sideboard, im Eingangsbereich oder auf dem Ess- oder Wohnzimmertisch – die Stellflächen bieten unendlich viele Gestaltungsmöglichkeiten, und ein paar Ideen stelle ich hier gerne vor. Die meisten Ideen kannst du auch draußen aufstellen, denn ein schön dekorierter Eingangsbereich oder eine auch im Winter stimmungsvolle Terrasse wirken besonders einladend!

EINE VASE – DREI LOOKS

Für immer wieder neue Dekorationen muss man nicht ständig neue Gefäße oder Vasen kaufen, denn das ist weder nachhaltig noch besonders kostengünstig. Auf die Idee kommt es an! Hier zeige ich drei Deko-Ideen mit derselben großen Glasvase. Jeder Look ist anders und ganz einfach umzusetzen!

LOOK 1 – DER FRISCHE LOOK

Hier werden die Blumen und Zweige durch die beiden ineinander gestellten Vasen in Position gehalten. Ein praktischer Trick, auch für andere Gestaltungsideen!

BENÖTIGTES MATERIAL

- 1 Glasvase mit Fuß, Ø 16 cm, 20 cm hoch
- 1 kleine Glasvase, Ø mind. 11 cm
- 8 Tannenzweigspitzen
- 7 Tulpen in Weiß
- 1 Zapfen
- 1 LED-Kerze in Cremeweiß, 10,1 × 10 cm
- 1 LED-Drahtlichterkette mit 100 Lichtern mit Batterie und Timer
- 1 Kuchenplatte mit Fuß
- durchsichtiges Klebeband

SO WIRD'S GEMACHT

Die kleine Vase in die große Glasvase stellen. Die kleine Vase sollte so groß sein, dass die Blockkerze hineinpasst.

Den Zwischenraum zwischen den beiden Vasen etwa 2 cm hoch mit Wasser füllen. Dann die Tulpen und die Tannenspitzen passend zur Höhe der großen Vase kürzen und abwechselnd in den Zwischenraum stellen.

Die LED-Blockkerze in die kleine Vase stellen. Die Lichterkette um die große Vase wickeln und mit durchsichtigem Klebeband fixieren.

Die Vase auf die Tortenplatte stellen und eine Tannenspitze und einen Zapfen dekorativ dazu platzieren.

Tipp: Die Tulpenstiele gerade und nicht schräg anschneiden!

Wenn du möchtest, dass die Tulpen in der Vase nicht so schnell wachsen, kannst du gleich nach dem Kauf den Stiel unter dem Blütenkopf mit einer Stecknadel durchstechen!

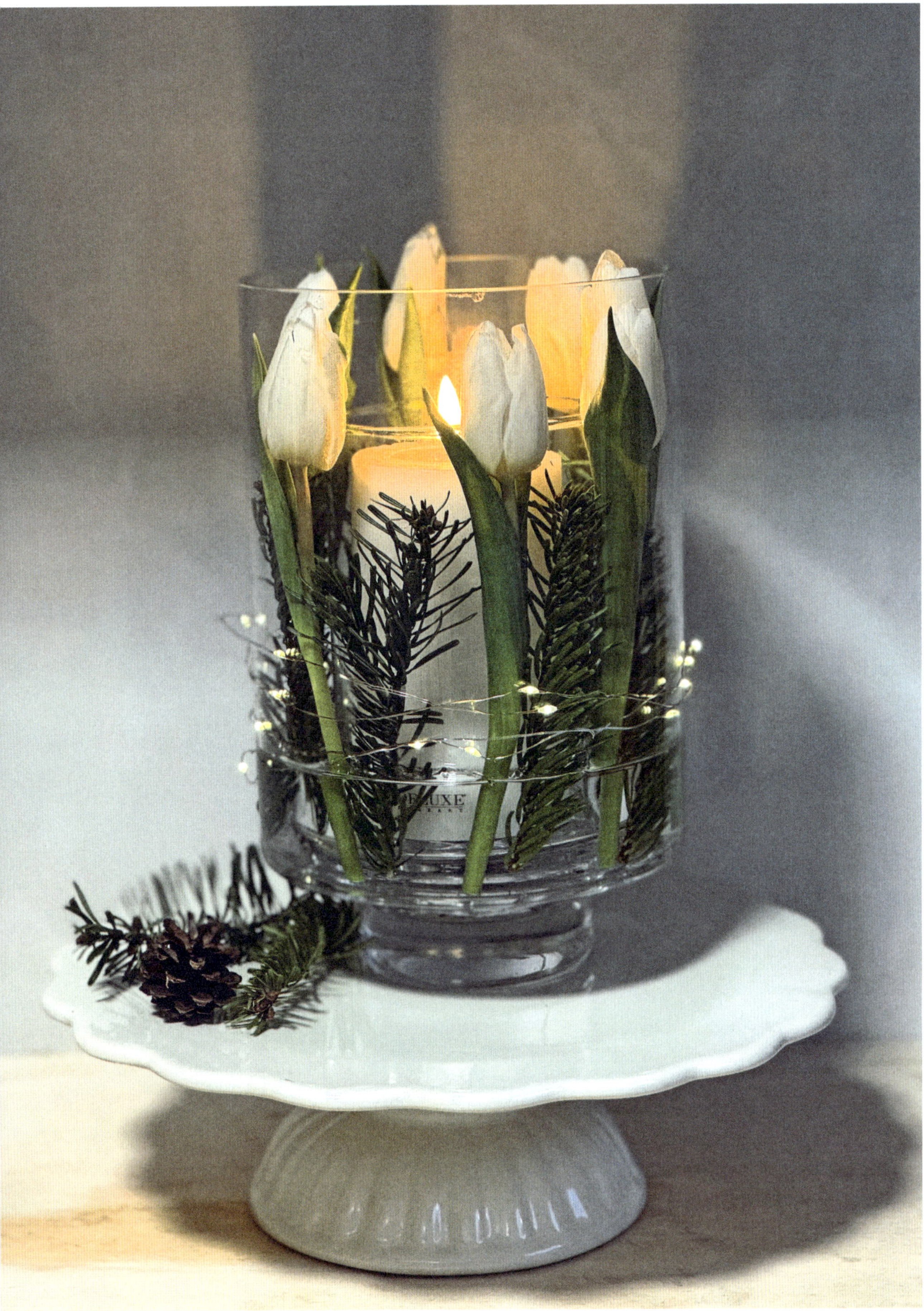

EINE VASE – DREI LOOKS

LOOK 2 – DER FESTLICHE LOOK

Auch wenn du keine frischen Blumen im Haus hast, gelingt mit wenigen Accessoires und Naturmaterial ganz schnell eine schöne Natur-Deko!

BENÖTIGTES MATERIAL

- 1 Glasvase mit Fuß, Ø 16 cm, 20 cm hoch
- 3 kleine Zweige Tanne
- 1 kleiner Ast
- 4–5 Lärchenzapfen
- 1 Deko-Hirsch
- 1 Lärchenzweig
- Deko-Sand
- 1 LED-Drahtlichterkette mit 100 Lichtern mit Batterie und Timer
- durchsichtiges Klebeband
- 3 kleine Christbaumkugeln in Grün
- Blumendraht
- Bindfaden

SO WIRD'S GEMACHT

Deko-Sand etwa 2 cm hoch in die Vase geben.

3 kleine Tannenzweige mit der Schnittkante nach oben um den kleinen Ast legen und alles mit Draht zu einem Mini-Tannenbaum zusammenbinden. Das Bäumchen im hinteren Bereich der Vase in den Sand stecken.

Den Deko-Hirsch vor dem Ast in die Vase stellen. Die Lärchenzapfen auf den Sand legen.

Die Lichterkette um die Vase wickeln, evtl. mit Klebeband fixieren und das Batteriegehäuse hinter der Vase verstecken.

Zum Schluss mit dem Bindfaden drei kleine Christbaumkugeln an den Lärchenzweig binden und diesen quer über die Vase legen.

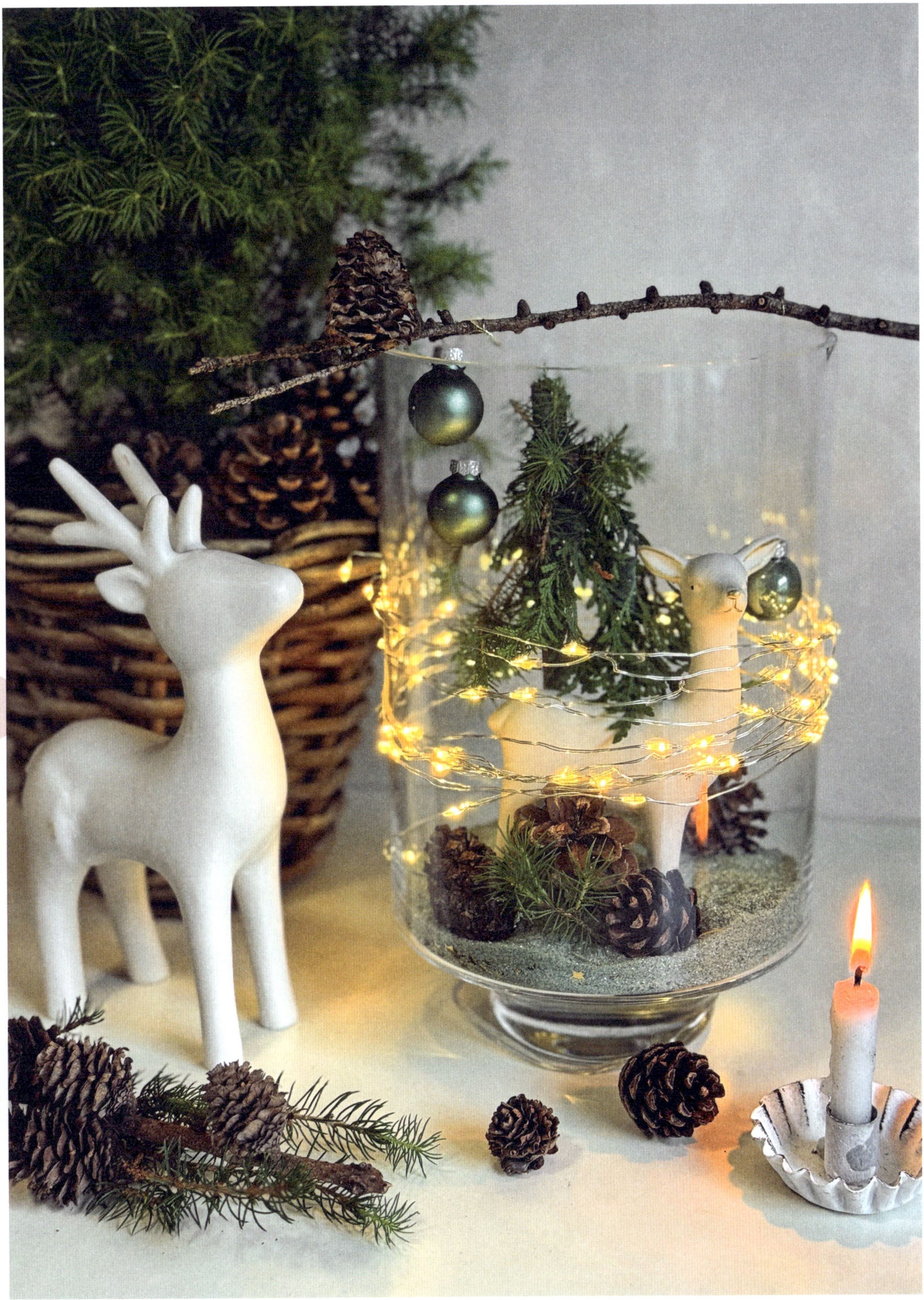

EINE VASE – DREI LOOKS

LOOK 3 – DER NATÜRLICHE LOOK

Wer es natürlicher mag, der nimmt Moos als Grundlage der Deko in der Vase. Auf einer Holzplatte arrangiert, entsteht so eine kleine Wald-Szenerie.

BENÖTIGTES MATERIAL

- 1 Glasvase mit Fuß, Ø 16 cm, 20 cm hoch
- Moos
- Holztablett, Ø ca. 30 cm
- 4–5 Lärchenzapfen
- 1 Zweig Lärche mit Zapfen
- 2 Christbaumkugeln in Rot
- 1 Deko-Hirsch in Rost-Optik
- 1 Zweig Deko-Beeren in Rot
- Bindfaden
- LED-Drahtlichterkette mit 100 Lichtern
- durchsichtiges Klebeband

SO WIRD'S GEMACHT

Etwa die Hälfte des Mooses auf den Boden der Vase legen. Den Deko-Hirsch in den hinteren Bereich der Vase in das Moos stecken.

Davor 2 Lärchenzapfen und die Deko-Beeren arrangieren.

Die Christbaumkugeln mit Bindfaden an den Lärchenzweig binden. Den Zweig quer über die Vasenöffnung legen, sodass sich die Kugeln am Rand in die Vase hängen.

Die Vase auf das Holztablett stellen. Die Lichterkette um die Vase wickeln und mit durchsichtigem Klebeband fixieren.

Das Batteriegehäuse hinter der Vase platzieren und evtl. mit Moos abdecken. Moos und die restlichen Zapfen auf dem Tablett verteilen.

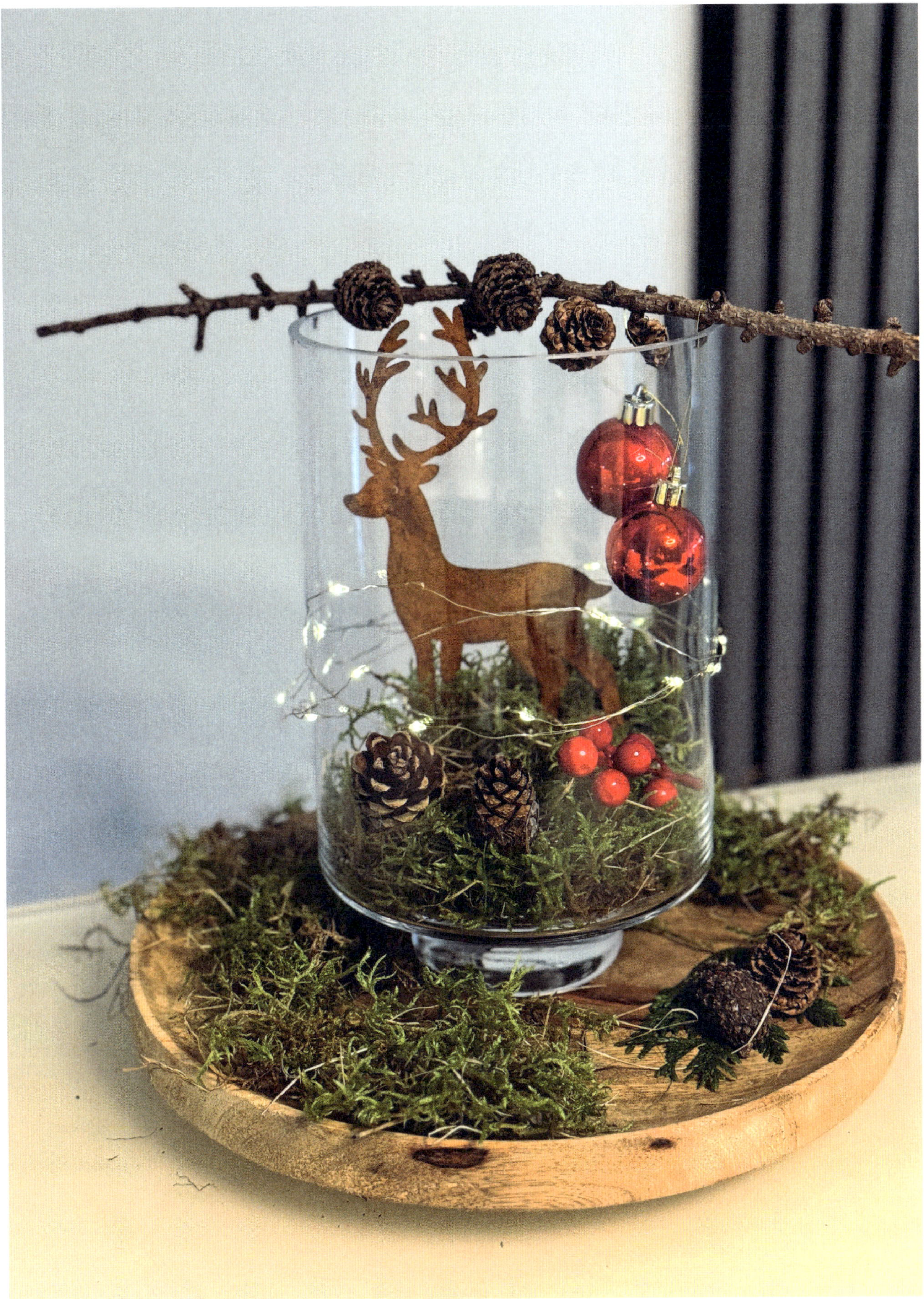

KLEINE LANDSCHAFT MIT HEIDE-BÄUMCHEN

Anfang November ist es noch zu früh für die Advents-Deko, und hier füllen kleine Naturlandschaften nicht nur die Lücke, sondern schaffen eine entspannte und natürliche Atmosphäre im eigenen Zuhause.

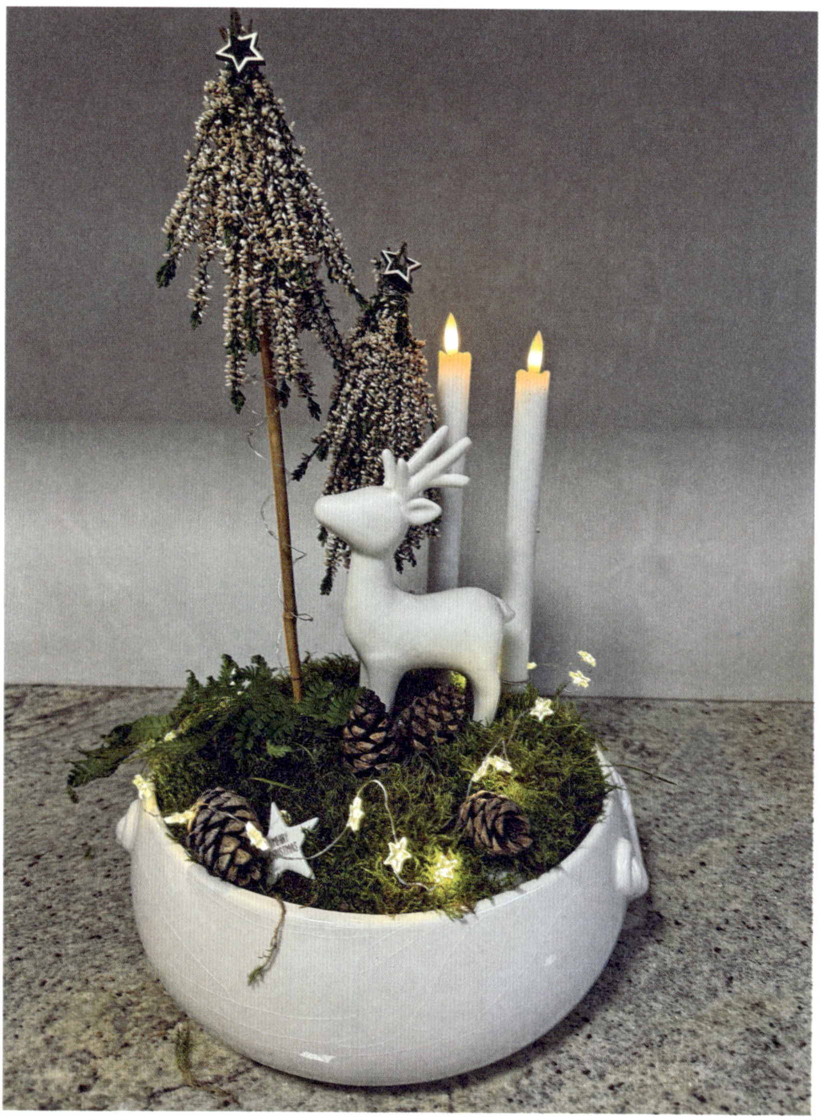

BENÖTIGTES MATERIAL

- 1 flache Pflanzschale in Weiß, Ø 30 cm, ca. 12 cm hoch
- 1 Ziegel Trockensteckschaum
- Moos
- 1 Topf Heidekraut in Weiß
- 4–5 Zapfen
- Füllmaterial, z. B. Seidenpapier
- 2 Holzspieße oder dünne Äste, ca. 10 cm lang
- 1 LED-Drahtlichterkette mit 40 Sternchen mit Batterie und Timer
- 2 Kerzenpicks in Weiß
- 2 LED-Stabkerzen in Weiß, ca. 24 cm
- 1 Deko-Hirsch aus Keramik
- 1 Deko-Stern aus Holz
- Heißklebepistole

SO WIRD'S GEMACHT

Den Trockensteckschaum in den Pflanztopf legen und den Rest der Schale mit Seidenpapier ausfüllen. Du kannst auch Zeitungspapier oder ein anderes Füllmaterial nehmen.

Den Trockensteckschaum und das Papier mit einer dicken Schicht Moos abdecken.

Für die beiden Bäumchen ein paar Zweige Heidekraut abschneiden, mit den Spitzen nach unten um jeweils einen Holzspieß legen und mit Draht festbinden.

Eine weitere Schicht Heidekraut schuppenartig darüberlegen und ebenfalls mit Draht festbinden, sodass die Schnittenden oben zusammenlaufen (siehe Zipfelbäumchen, S. 37). Schließlich die Spitzen jeweils mit einem kleinen Holzstern dekorieren und mit Heißkleber festkleben.

Die beiden Heide-Tannenbäumchen am Rand der Schale durch das Moos in den Trockensteckschaum stecken. Die beiden Kerzenpicks mit den LED-Stabkerzen direkt daneben feststecken.

Das Arrangement mit ein paar Zapfen auf dem Moos dekorieren und die Sternenlichterkette herumwickeln. Zum Schluss den Deko-Hirsch vor die Bäumchen setzen.

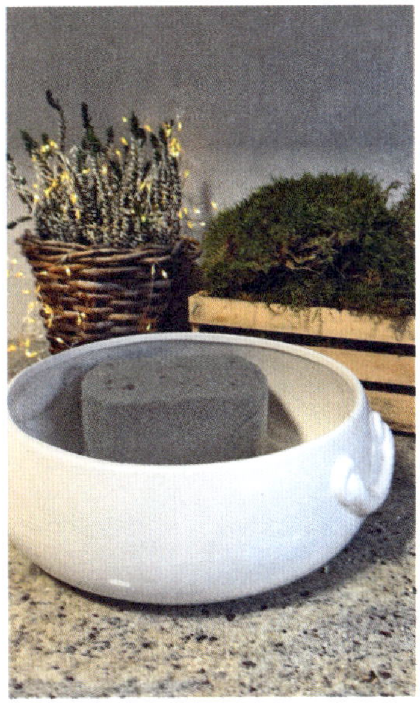

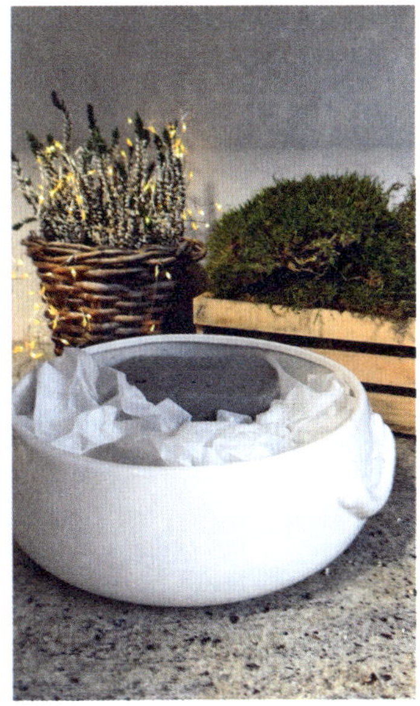

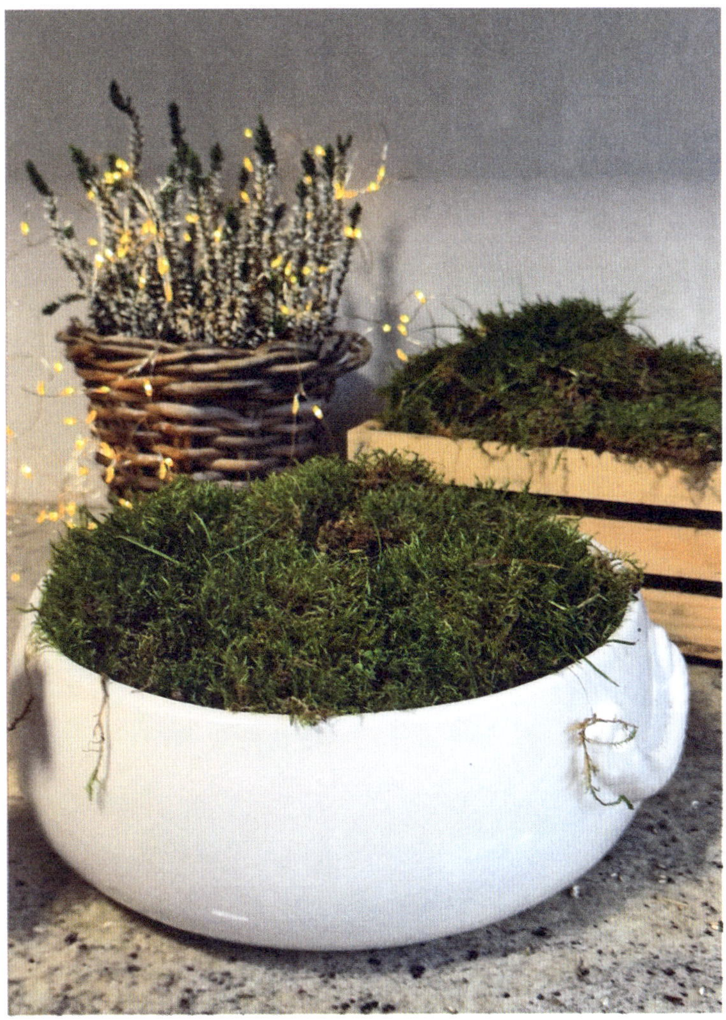

OMAS SCHÄTZCHEN

Die alte Vintage-Suppenterrine kommt heute bei mir nur noch mit Blumen auf den Tisch. Sicher gibt es auch bei dir zuhause solche alten Schätze. Und wenn nicht, wirst du bestimmt bei Mama oder Oma fündig!

BENÖTIGTES MATERIAL

- 1 Vintage-Suppenterrine
- 1 Holzteller
- 1 Ziegel Steckschaum
- 2 Stabkerzen in Weiß
- 1 Töpfchen Glücksklee
- 1 Hyazinthe im Topf
- Moos
- 4–5 Lärchenzapfen
- 2 Kerzenpicks
- 1 LED-Stern, Ø 8 cm
- 1 kleine Christbaumkugel klar, Ø 3,5 cm
- 2 kleine Christbaumkugeln in Grün, Ø 2 cm
- 1 Deko-Stern aus Holz

SO WIRD'S GEMACHT

Den Steckschaum in die Terrine legen und die Kerzenpicks mit den beiden Kerzen hineinstecken.

Links das Töpfchen Glücksklee und etwas weiter hinten die Hyazinthe in die Terrine setzen. Dann alles mit Moos bedecken und mit den Christbaumkugeln, dem Holzstern und den Lärchenzapfen dekorieren.

Zum Schluss für einen besonders festlichen Look den kleinen LED-Stern in die Mitte der Schale setzen.

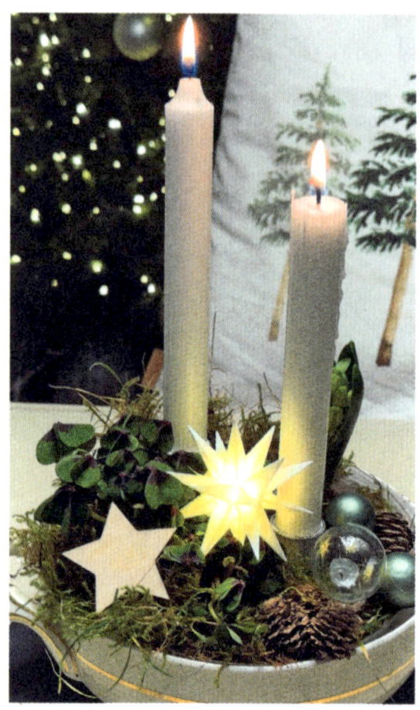

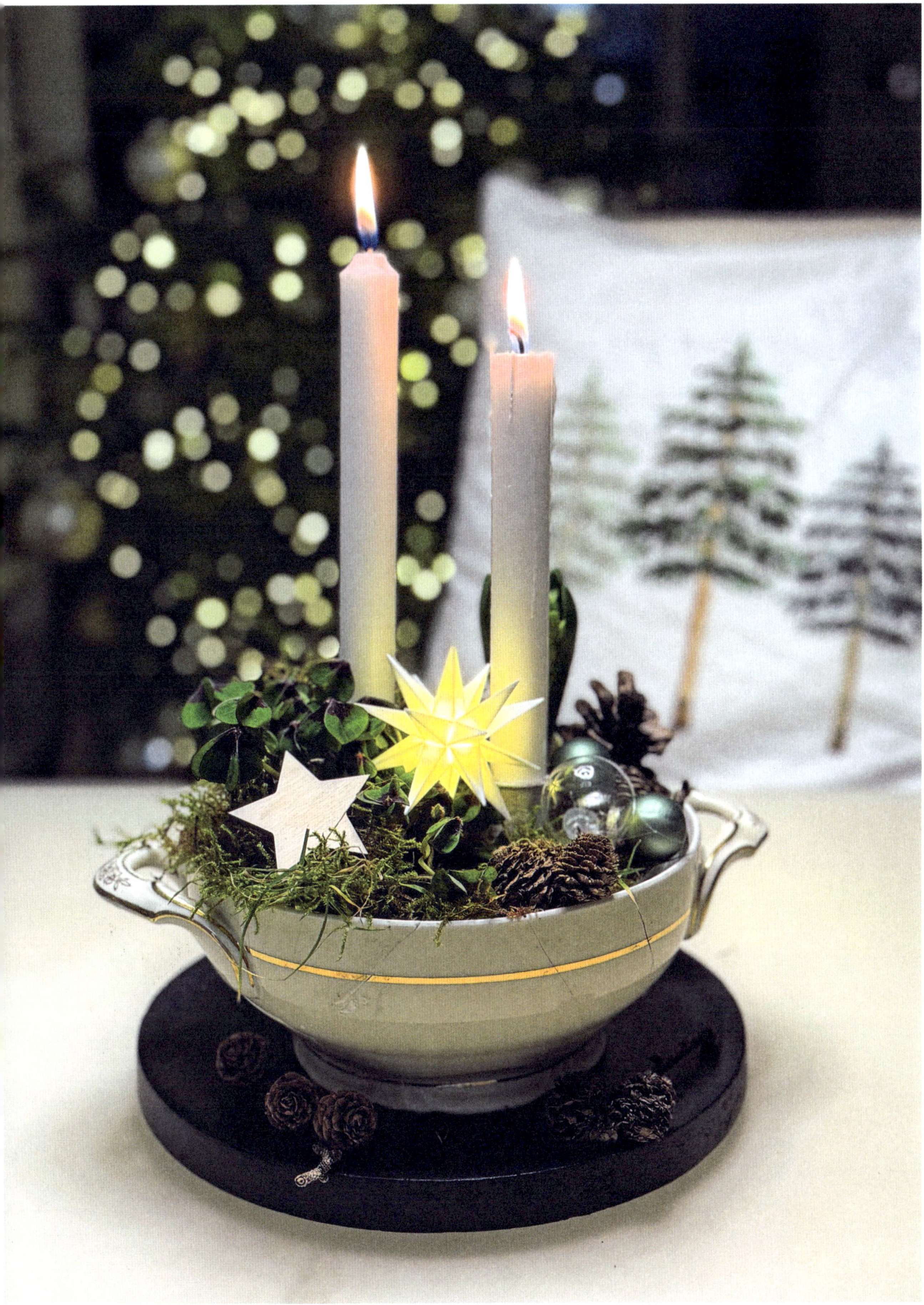

PRETTY IN ZINK

Kleine blumige Mitbringsel sind immer willkommen, aber einfach ein paar Tulpen zu verschenken, ist schon ein wenig langweilig. Viel hübscher sieht es aus, wenn du sie in einen kleinen Zink-Übertopf stellst und mit Moos und Lärchenzapfen dekorierst!

BENÖTIGTES MATERIAL

- 1 Zinkeimer
- 1 kleine alte Konservendose
- 7 Tulpen in Weiß
- Moos
- 1 Zweig Lärche
- Füllmaterial, z. B. Zeitungspapier
- Bindeschnur
- optional Lärchenzapfen, Draht

SO WIRD'S GEMACHT

Die kleine Konservendose säubern, mit etwa zwei Fingerbreit Wasser füllen und in den Zinkeimer stellen.

Die Tulpen gerade anschneiden, locker zusammenbinden und in die Blechdose stellen.

Den Zwischenraum um die Dose herum mit Zeitungspapier auffüllen und alles mit Moos kaschieren.

Zum Schluss einen Lärchenzweig quer über das Moos legen. Du kannst auch Draht an ein paar Lärchenzapfen befestigen und die Zapfen damit ins Moos stecken.

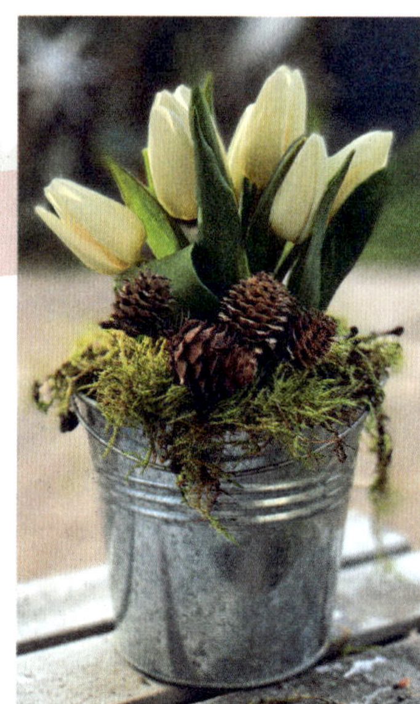

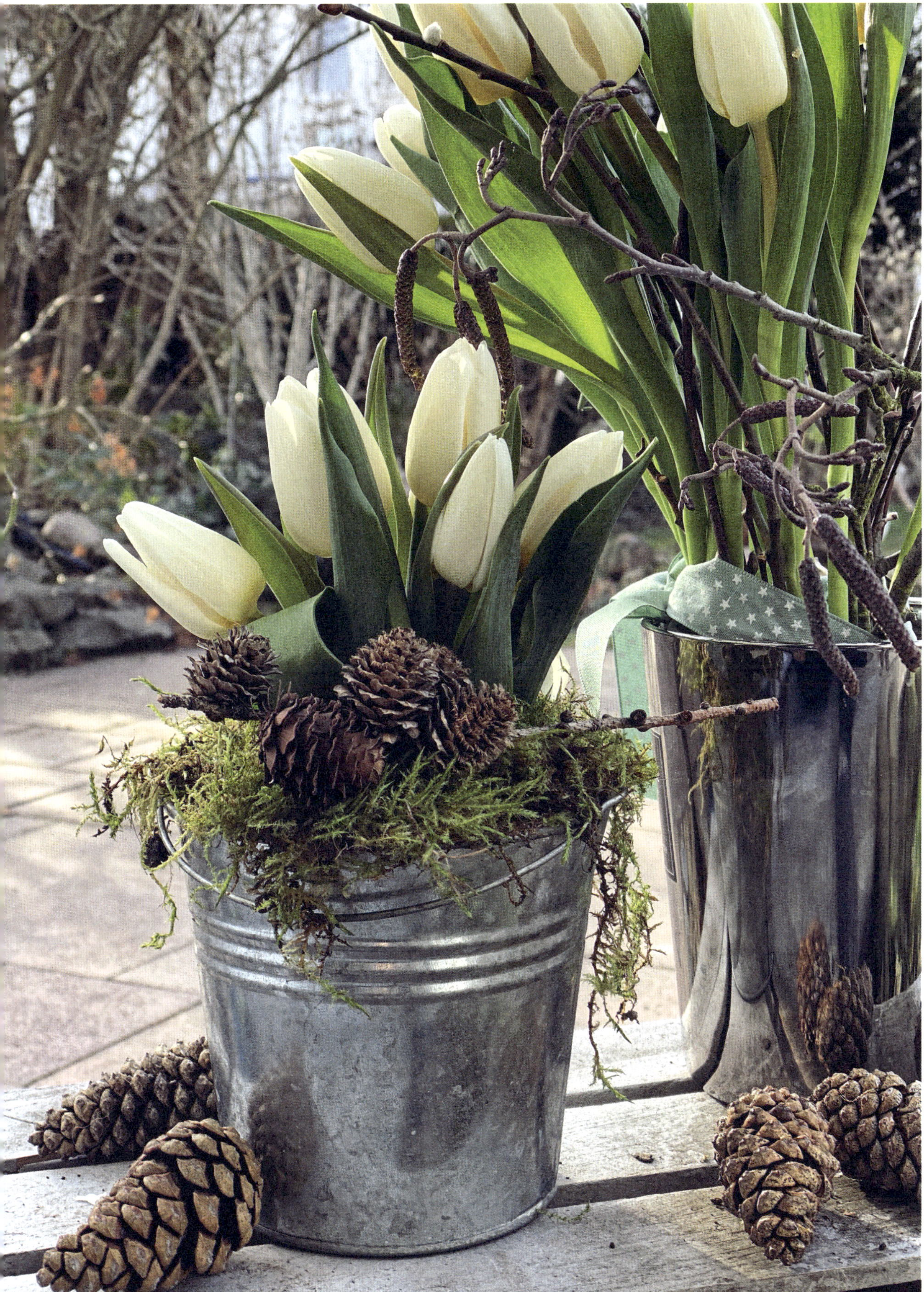

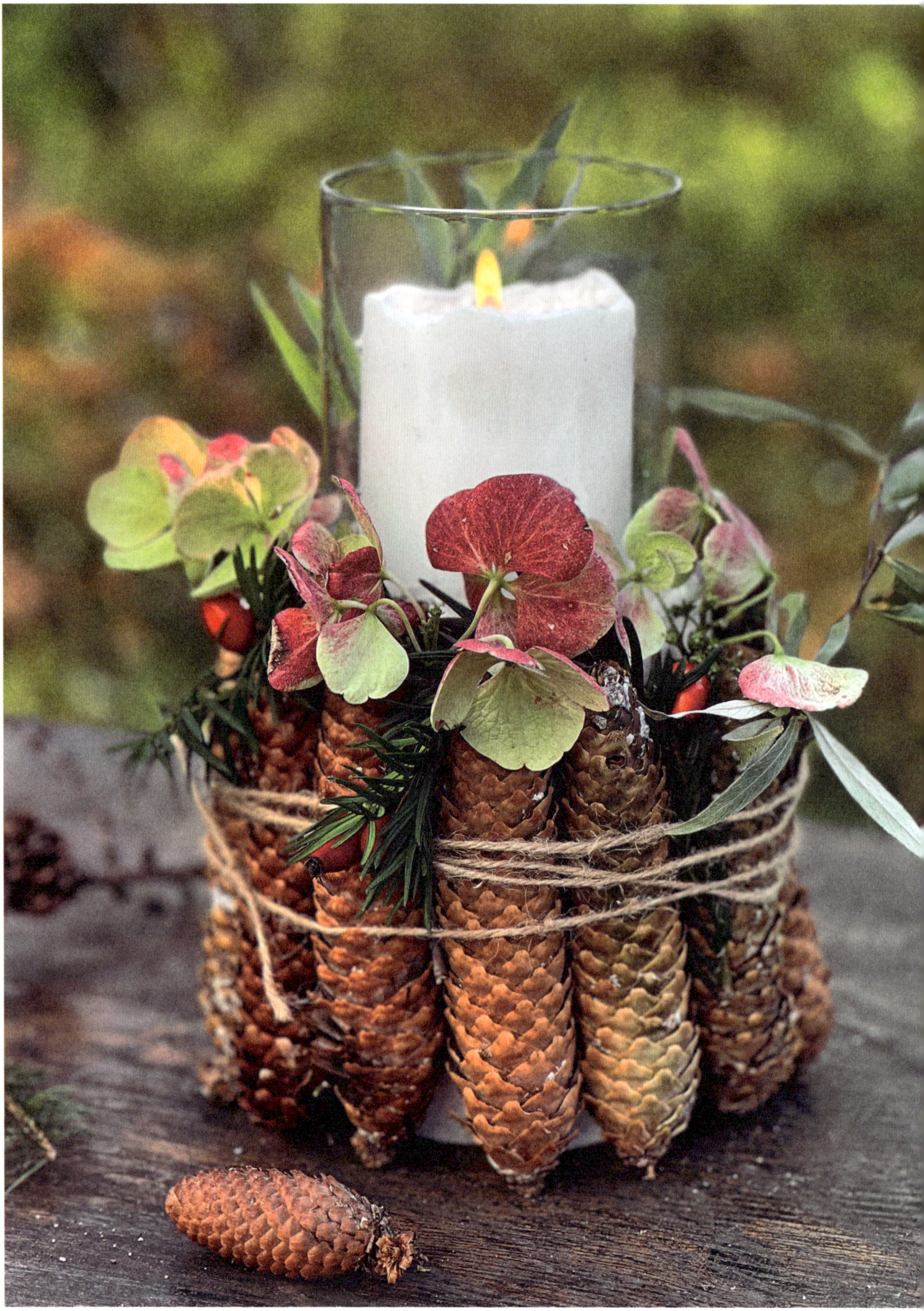

WINTERZAUBER MIT ZAPFEN, NÜSSEN UND MEHR

Gerade für winterliche Dekorationen eignen sich Zapfen und Zweige ganz hervorragend. Auf Spaziergängen kann man sie sehr gut im Wald sammeln, am besten nach starken Regenfällen oder Sturm. Dann liegt alles, was man braucht, schon auf dem Boden, und man muss es nur noch aufheben!

SCHICKES WINDLICHT MIT NÜSSEN

Walnüsse gehören neben Zapfen zur Winter- und Weihnachtszeit dazu, denn sie eignen sich nicht nur als köstliche Snacks, sondern auch als hübsche Dekoration. Darüber hinaus sind Walnüsse auch eine nachhaltige und umweltfreundliche Dekorationsmöglichkeit, da sie natürlich und biologisch abbaubar sind.

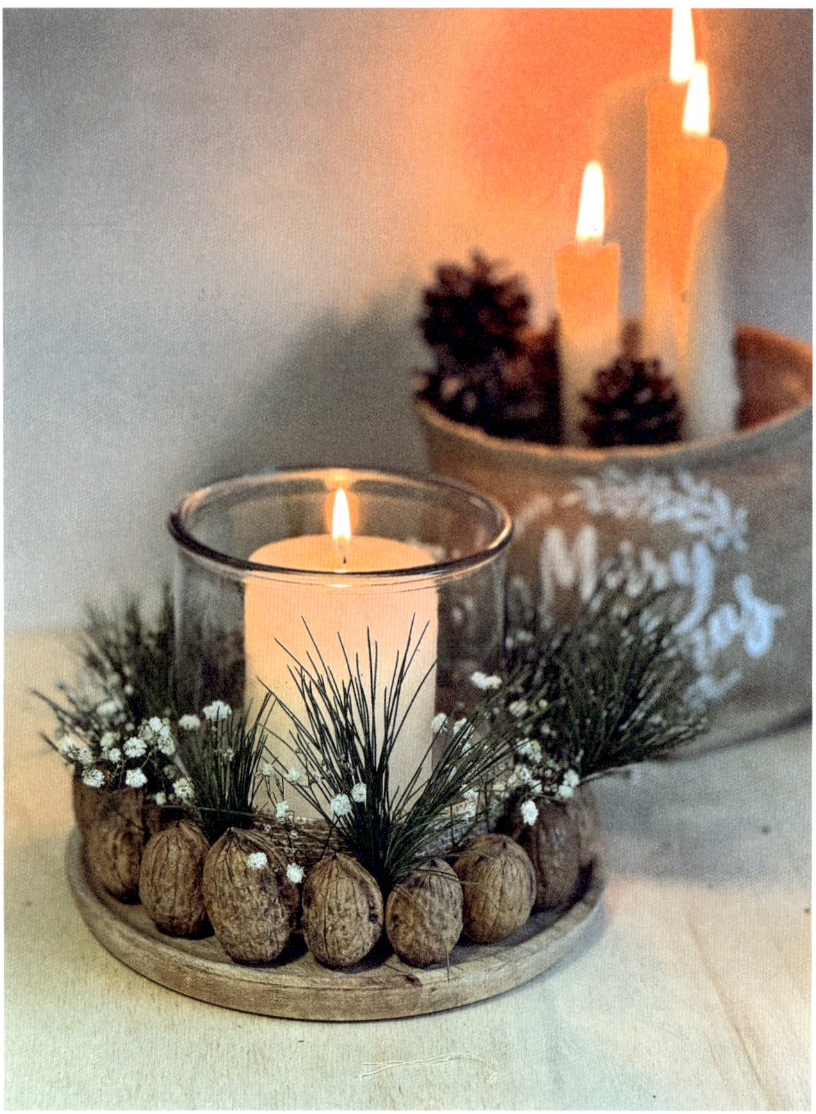

BENÖTIGTES MATERIAL

- Pappe, ca. 51 × 2 cm
- 1 Windlicht aus Glas, Ø 15 cm, ca. 16 cm hoch
- 1 Holzteller
- 14–18 Walnüsse
- 1 kleiner Zweig Kiefer
- 1 Zweig Schleierkraut
- Juteband
- 1 Blockkerze (10 cm)
- Heißklebepistole

SO WIRD'S GEMACHT

Zunächst die Pappe passend zuschneiden. Der Ring soll genau um das Windlicht passen. Die Pappe mit Heißkleber zu einem Ring zusammenkleben. Die Außenseite des Rings mit Juteband bekleben, um die Pappe zu kaschieren.

Dann Walnüsse mit der Spitze nach oben dicht an dicht nebeneinander mit der Heißklebepistole auf den Ring kleben.

Kleine Spitzen von dem Kiefernzweig und dem weißen Schleierkraut abschneiden und in die Lücken zwischen den Walnüssen stecken.

Den Walnuss-Ring auf den Holzteller legen und das Windlicht hineinstellen. Die Kerze in das Windlicht setzen – fertig!

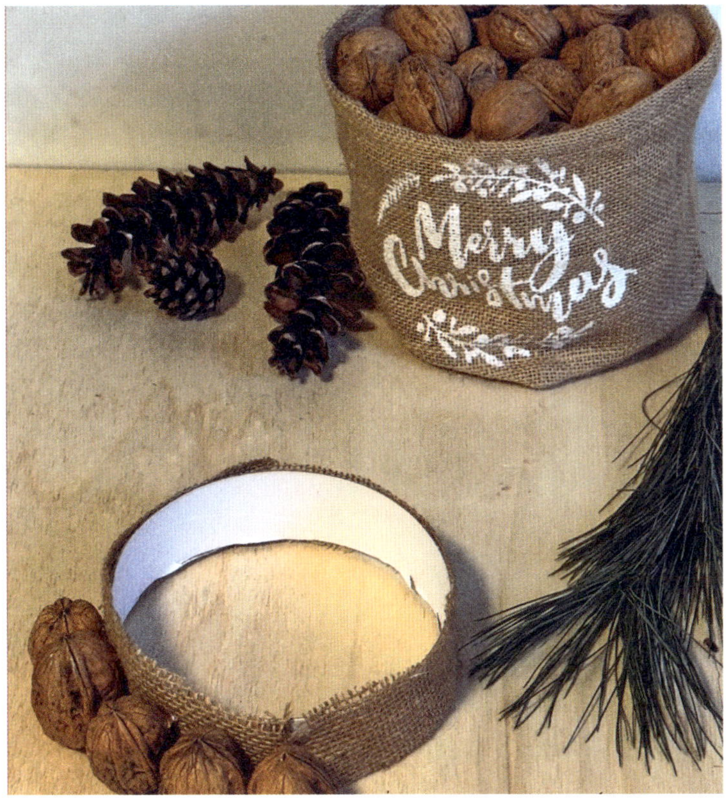

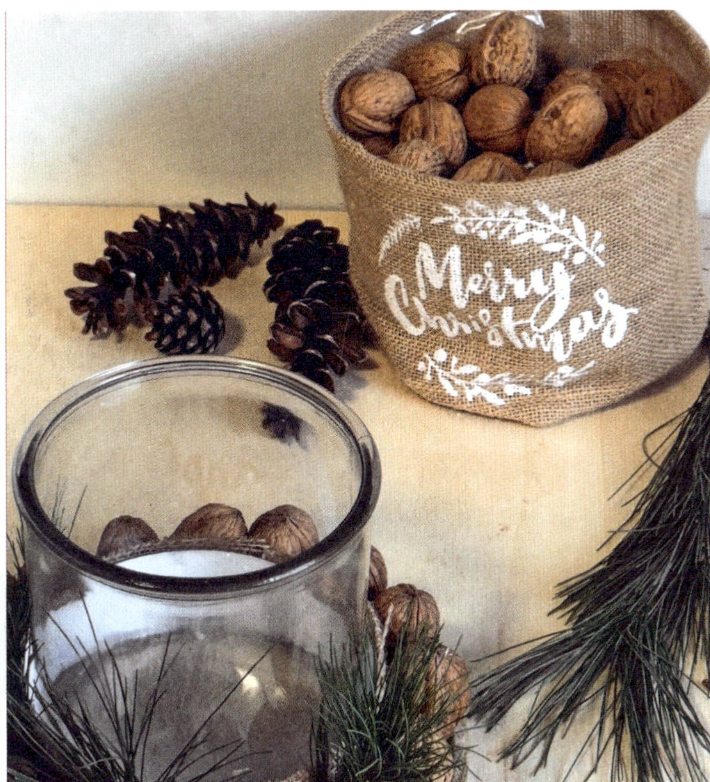

AMARYLLIS IN MOOS

Die Amaryllis, auch bekannt als Ritterstern, zählt neben dem Weihnachtsstern zu den beliebtesten Zimmerpflanzen für die Weihnachtsfeiertage. Um sicherzustellen, dass sich die imposanten Blüten rechtzeitig rund um Weihnachten und Silvester entfalten können, ist es wichtig, die Blumenzwiebel rechtzeitig in die Erde zu setzen. Vom Austrieb bis zur Entwicklung der Blütenknospen dauert es etwa vier Wochen. Daher sollte die Amaryllis-Zwiebel spätestens bis Mitte November gepflanzt werden.

BENÖTIGTES MATERIAL

- 1 großes Glas, Ø 15 cm, ca. 16 cm hoch
- 1 Amaryllis-Zwiebel
- Moos
- verschiedene Zapfen
- 1 LED-Drahtlichterkette mit Batterie und Timer

Tipp:
Da Amaryllis sehr hoch wachsen können, ist es wichtig, auf die Standfestigkeit der Zwiebel im Glas zu achten. Zur Stabilisierung kannst du z. B. noch einen Ast ins Glas stecken.

SO WIRD'S GEMACHT

Zuerst die Amaryllis-Zwiebel gut ca. ½ Stunde lang wässern. Dann ein wenig Moos auf den Glasboden legen und die Amaryllis-Zwiebel daraufsetzen. Rundherum noch etwas Moos ins Glas geben, die Zwiebel selbst darf aber ruhig zu sehen sein.

Anschließend ein paar Zapfen auf das Moos legen und auch außen herum dekorieren. Eine Drahtlichterkette um das Glas wickeln und das Batteriegehäuse dahinter verstecken.

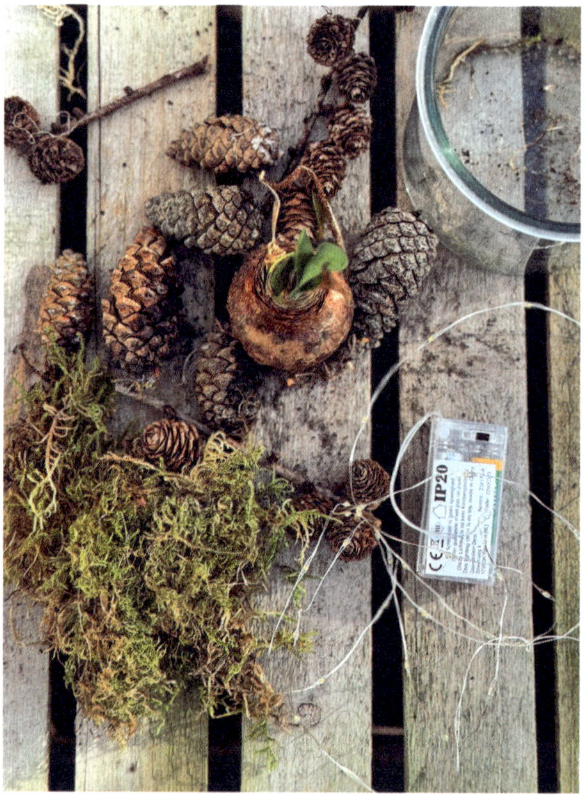

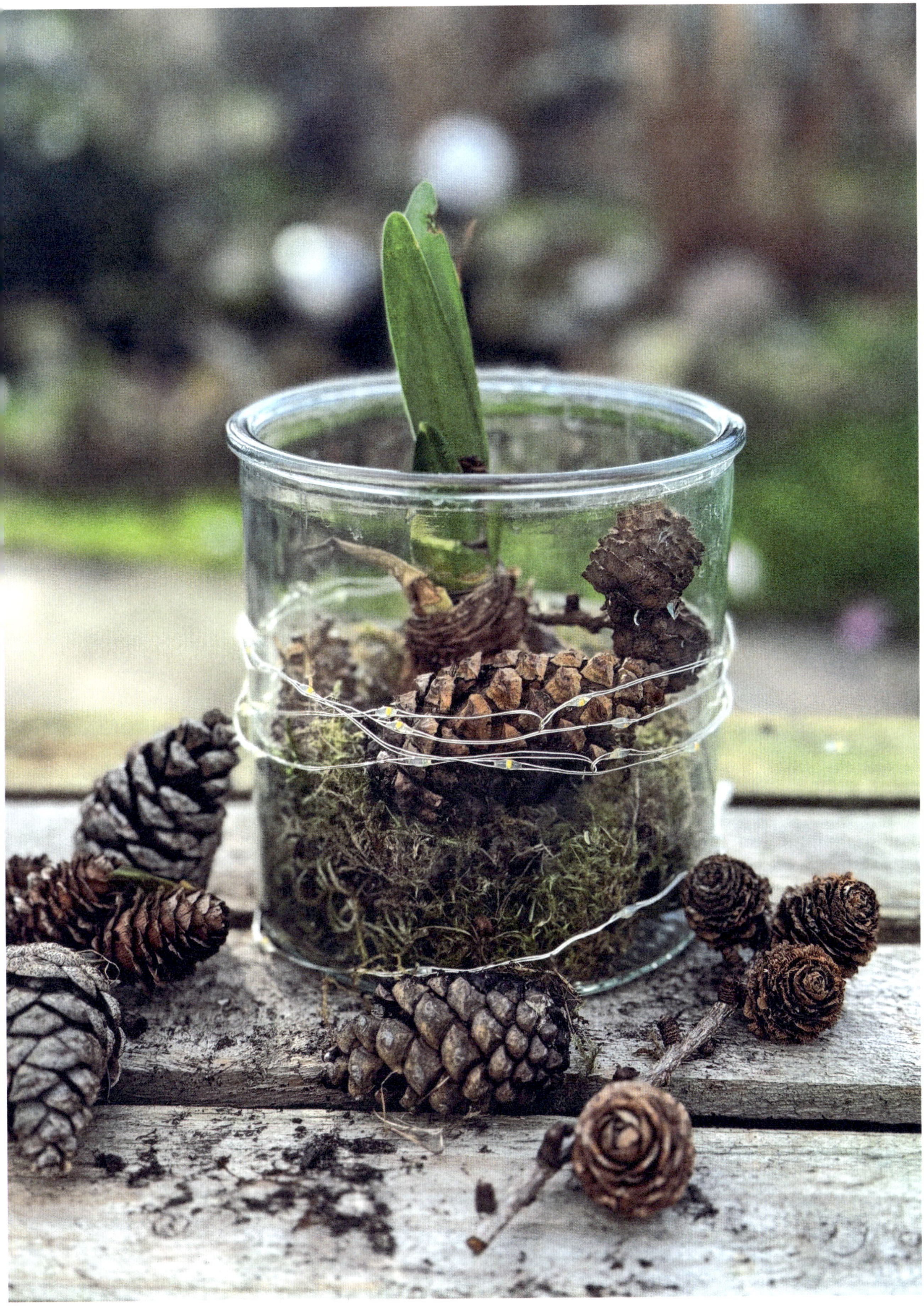

ZAPFENKRANZ

Einen Kranz aus Zapfen ohne Heißkleber wollte ich immer mal machen. Er ist vielseitig einsetzbar und bei trockener Lagerung hat man jahrelang etwas davon.

BENÖTIGTES MATERIAL

- 1 Windlicht
- ca. 15 Zapfen
- 1 Zweig Thuja
- 1 Zweig Eukalyptus
- 2 Spulen Blumendraht
- 1 Blockkerze in Weiß
- 1 Holzteller in Schwarz
- 1 LED-Drahtlichterkette mit Batterie und Timer

SO WIRD'S GEMACHT

Nimm am besten zwei Spulen Blumendraht und verzwirble die beiden Drahtanfänge der Spulen fest. Dann einen Draht von links und den anderen von rechts über der untersten Schuppenreihe um einen Zapfen legen. Dort, wo sich die beiden Drähte wieder treffen, verzwirbeln.

Die Drähte um den nächsten Zapfen legen und verzwirbeln. So fortfahren, bis der Zapfendraht einmal um das Windlicht reicht. Dann zu einem Kranz verbinden und die Drahtenden miteinander verzwirbeln. Das Windlicht mit der Kerze auf den Holzteller stellen und den Zapfenkranz darumlegen.

Kleine Zweigchen vom Eukalyptus und der Thuja abschneiden und rundherum in den Zapfenkranz stecken. Zum Schluss die LED-Lichterkette um den Kranz legen.

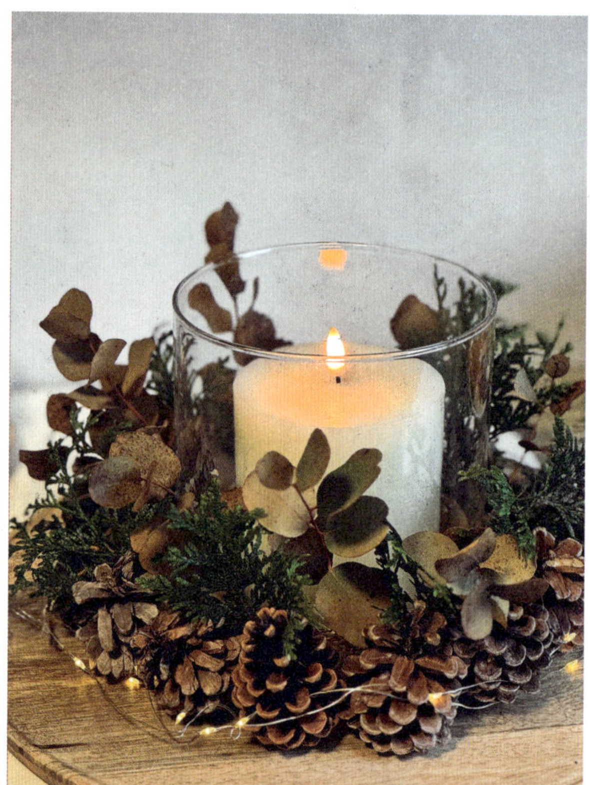

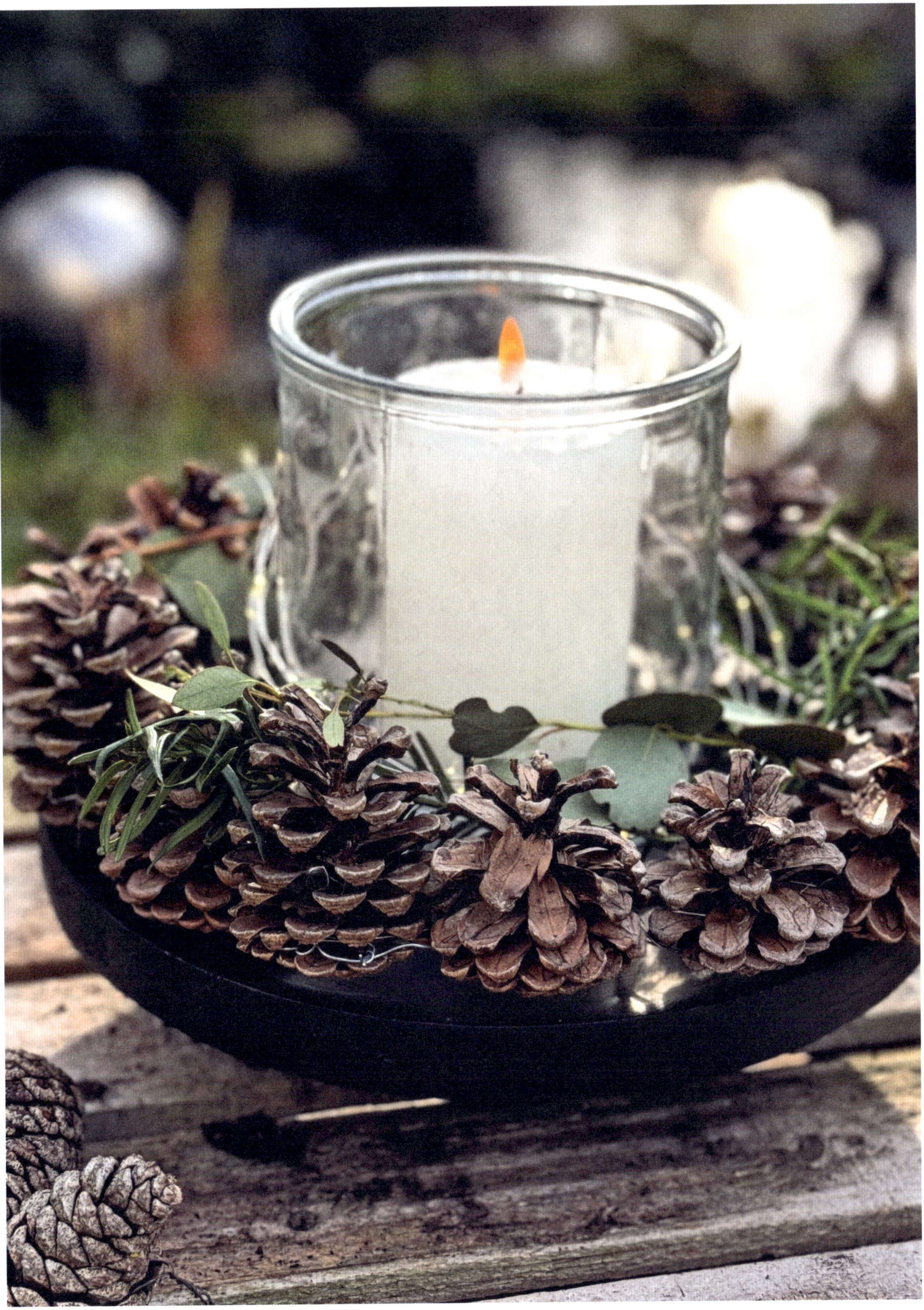

ZAPFENWINDLICHT

Im Haus habe ich überall Windlichter stehen, denn Kerzen und Winter sind einfach zwei Dinge, die immer zusammengehören und für eine gemütliche Atmosphäre sorgen. Mit Kiefernzapfen und Schleierkraut mag ich es besonders gerne.

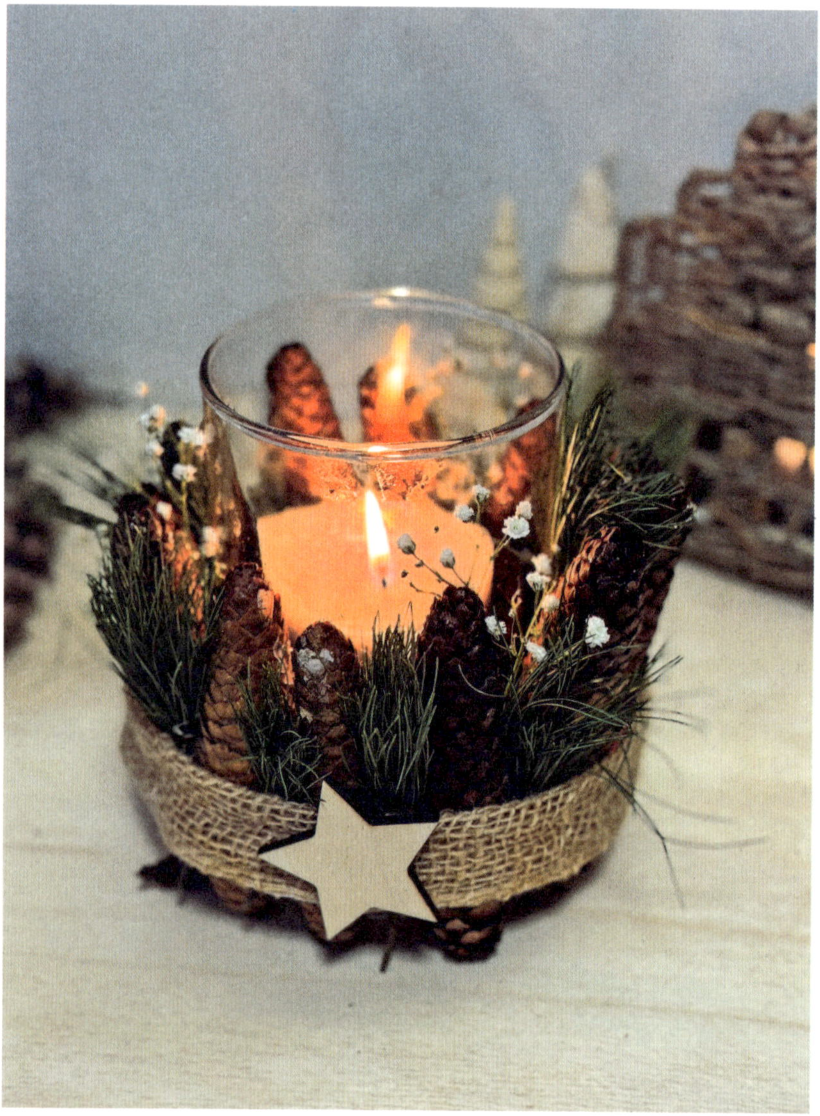

BENÖTIGTES MATERIAL

- 1 Windlicht, Ø 12 cm, 12 cm hoch
- 12–14 Weymouth-Kiefernzapfen
- 1 Zweig Kiefer
- 1 kleiner Zweig Schleierkraut
- 1 breites Gummiband
- Juteband
- 1 Holzstern
- 1 Blockkerze in Weiß
- Heißklebepistole

SO WIRD'S GEMACHT

Zuerst das breite Gummiband um das Windlicht spannen. Dann alle Kiefernzapfen mit der Spitze nach oben zwischen Gummiband und Glas stecken, bis keine großen Lücken mehr vorhanden sind.

Kleine Stücke vom Kiefernzweig abschneiden und in die schmalen Lücken zwischen den Kiefernzapfen stecken. In jeden zweiten Zwischenraum auch ein wenig Schleierkraut stecken.

Das Juteband passend zuschneiden, sodass es mit etwas Überstand einmal um das Glas mit den Zapfen passt. Das Band mit Heißkleber mitten auf das Gummiband kleben, sodass es nicht mehr sichtbar ist.

Zum Schluss verziere das Band mit einem kleinen aufgeklebten Holzstern.

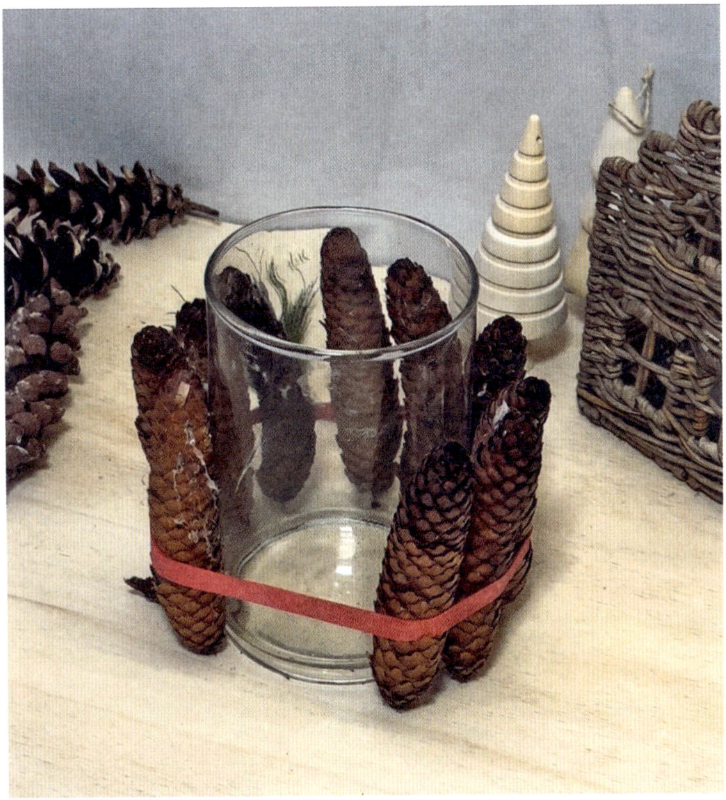

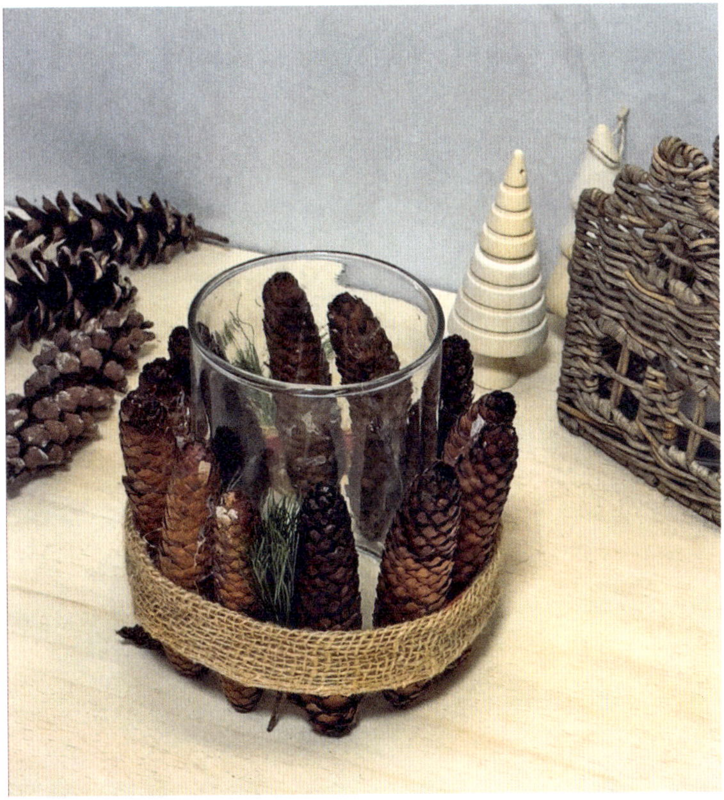

ZAPFENKERZENHALTER

Bei zwei Katzen im Haus sammeln sich so einige leere Konservendosen an. Natürlich sind die zu schade, um sie alle wegzuwerfen, denn die Dosen sind prima geeignet für verschiedene Deko-Projekte, wie z. B. diesen Kerzenhalter.

BENÖTIGTES MATERIAL

- Windlicht, Ø 9 cm
- 12–14 Weymouth-Kiefernzapfen
- 1 Zweig Nadelgrün
- 1 Hortensienblütenrispe (optional Christrosenblüten)
- 1 Zweig Hagebutten
- 1 alte Konservendose
- dünne Juteschnur
- 1 Blockkerze in Weiß, Ø ca. 7 cm, 13 cm hoch
- Heißklebepistole

SO WIRD'S GEMACHT

Zunächst die Konservendose säubern und das Etikett entfernen. Dann die Zapfen einen nach dem anderen mit Heißkleber um die umgedrehte Dose herum aufkleben. Die Spitzen zeigen nach oben, die Basis der Zapfen ist bündig mit der Dosenöffnung unten.

Das Windlicht auf die Dose stellen und die Kerze hineinsetzen.

Eine dünne Juteschnur mehrmals um die Dose mit den Zapfen wickeln und festknoten. Das stabilisiert die Zapfen zusätzlich und gibt der Deko auch optischen Zusammenhalt.

Zum Schluss kleine Stücke vom Nadelgrün und den Hagebuttenzweig sowie einzelne Hortensienblüten abschneiden und in die Zwischenräume zwischen den Zapfenspitzen stecken.

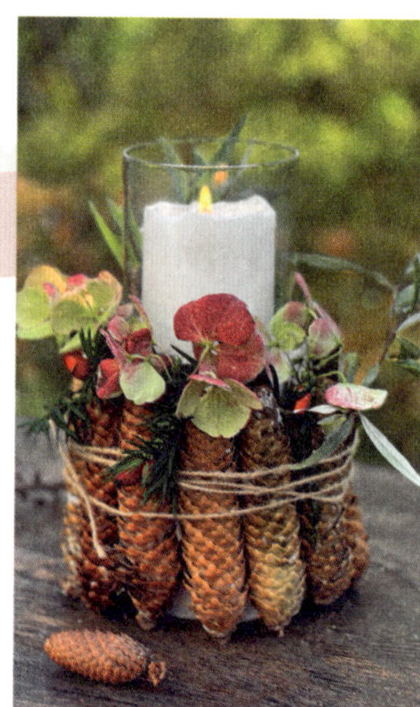

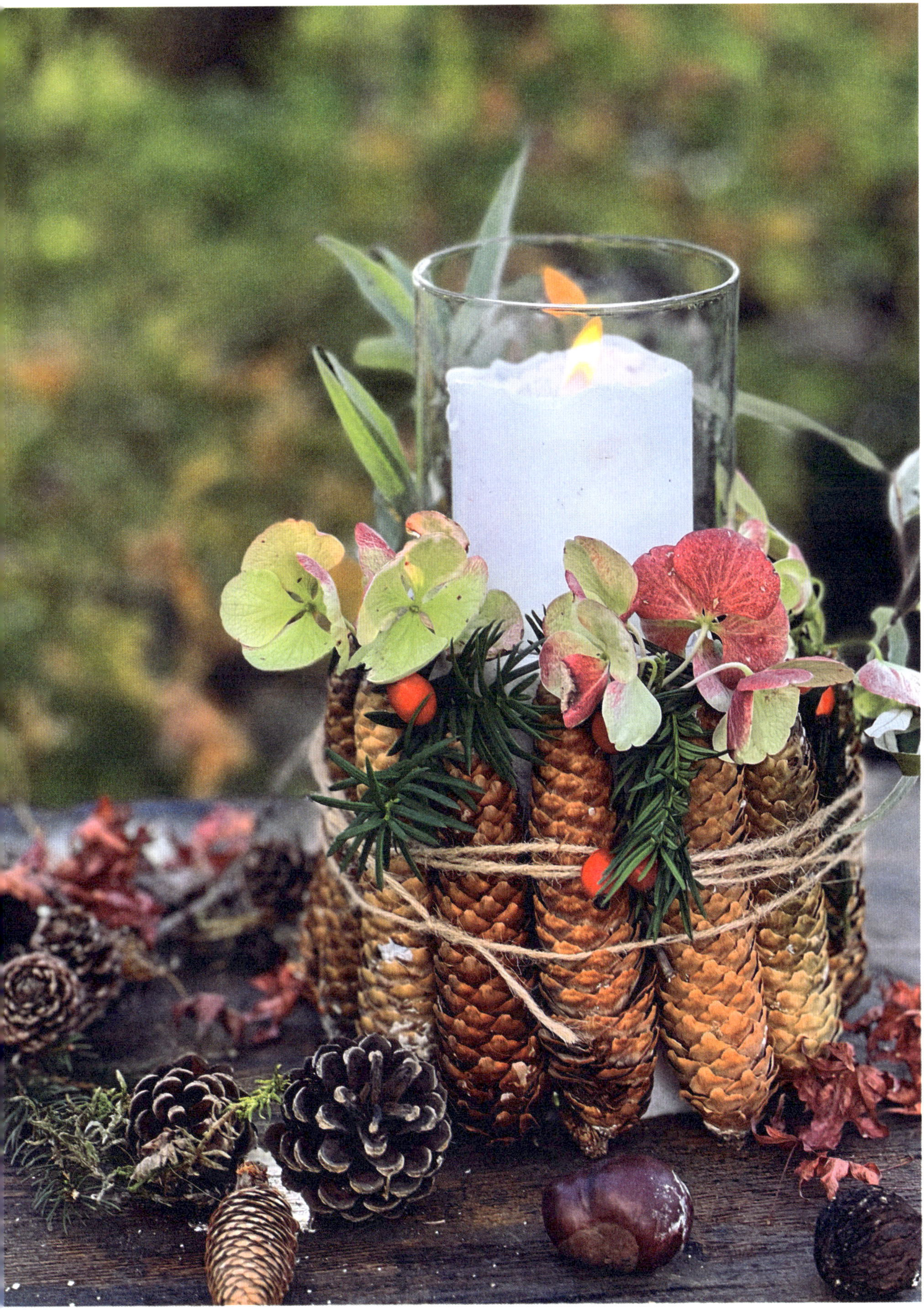

ZAPFENVASE

Ein dicker Strauß Tulpen in der Vase ist richtig schön, doch nach einiger Zeit verblühen ein paar der Blumen und der Strauß sieht nicht mehr ganz so prächtig aus. Doch das bedeutet nicht, dass man die Blumen einfach wegwerfen muss. Man kann einzelne Blumen aus dem Strauß anderweitig für eine neue Deko verwenden.

BENÖTIGTES MATERIAL

- 1 zylinderförmiges Windlicht, Ø 11 cm, 20 cm hoch
- 8–9 Zweige Lärche mit Zapfen, ca. gleichlang
- 1 breites Gummiband
- 7 Tulpen
- dicke Juteschnur
- 1 Stabkerzenhalter
- 1 LED-Stabkerze
- Heißkleber

SO WIRD'S GEMACHT

Zuerst im unteren Drittel das Gummiband um das Windlicht spannen und die Lärchenzweige darunter feststecken. Die Zweige sollten schön um das Glas verteilt und die Enden unten bündig mit dem Glasboden sein.

Eine dicke Juteschnur mehrmals über das Gummiband um das Glas wickeln, um das Gummi zu kaschieren. Das Ende der Kordel mit Heißkleber befestigen.

Anschließend einen Stabkerzenhalter in die Glasmitte stellen und die Vase etwa 2 Finger hoch mit Wasser füllen. Die Tulpen mit einem geraden Schnitt auf die richtige Länge bringen und in der Vase arrangieren.

Zuletzt die LED-Kerze in den Kerzenhalter stecken.

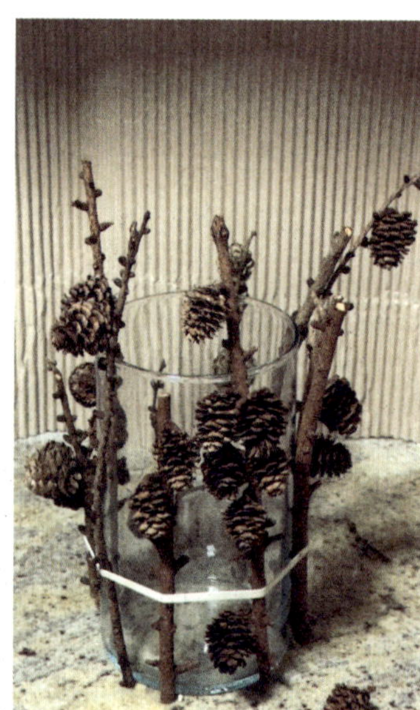

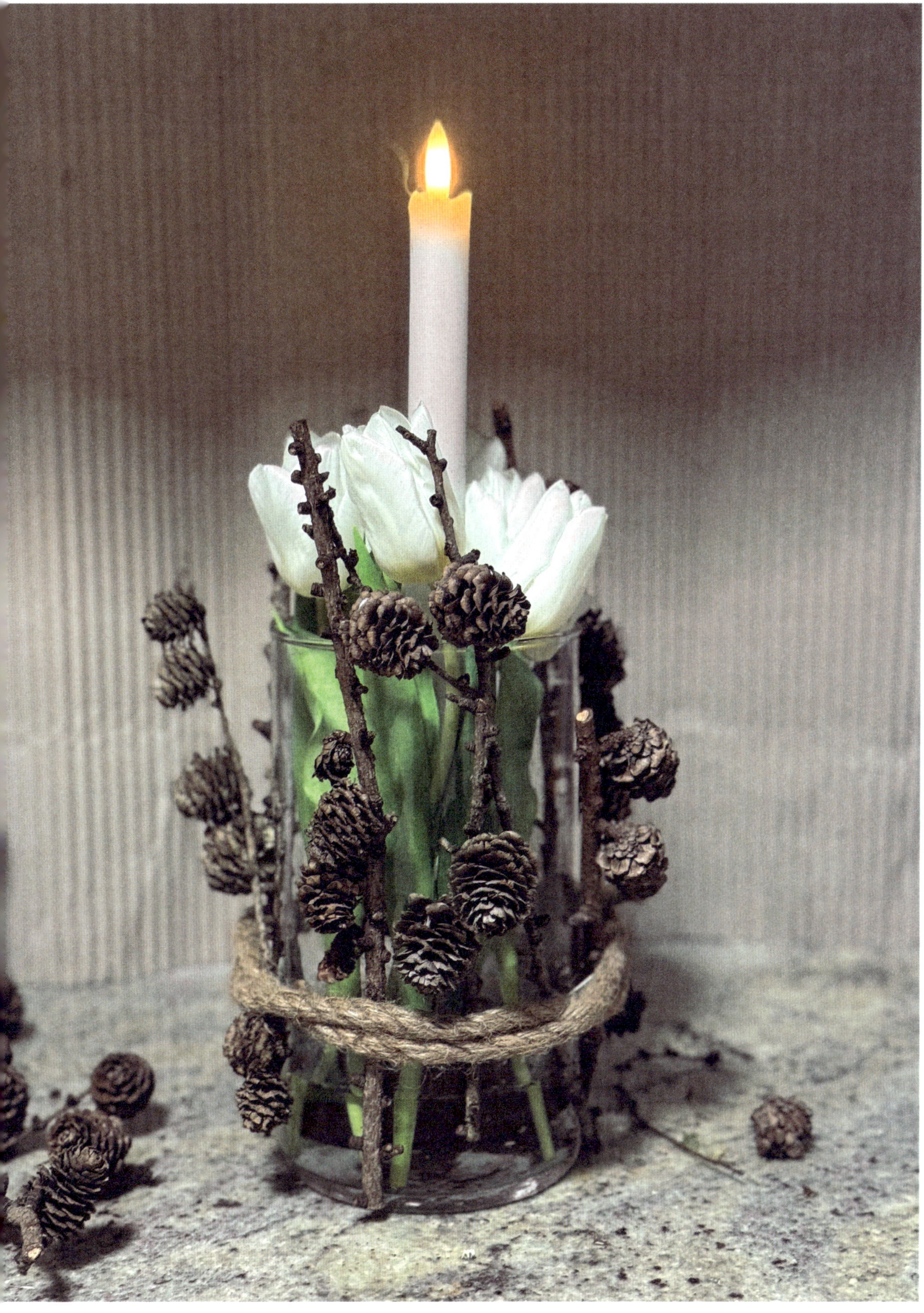

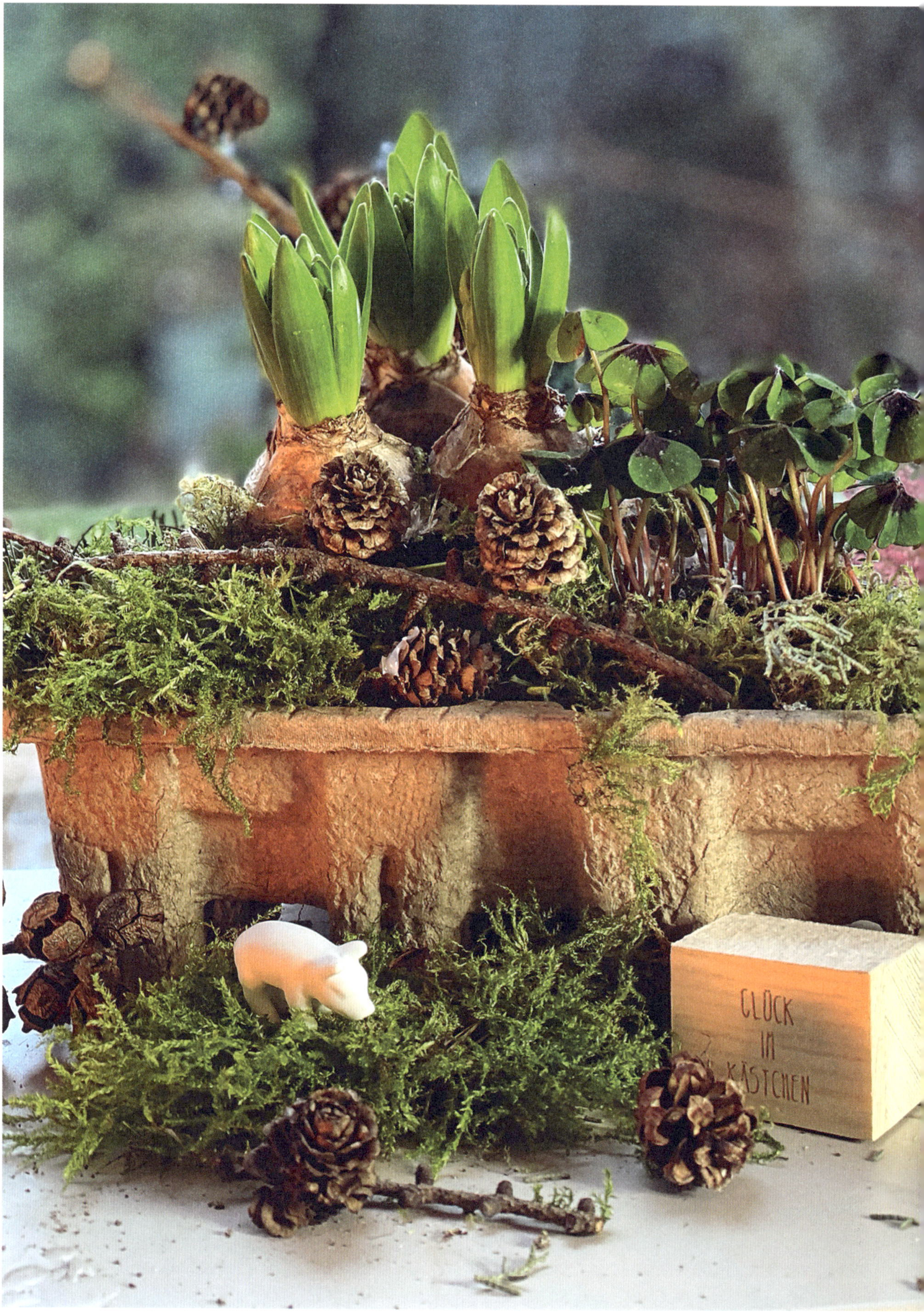
GLÜCK
IM
KÄSTCHEN

KREATIVE UPCYCLING-IDEEN

Mit Upcycling kann man nicht nur Müll vermeiden, sondern auch kostensparend individuelle und originelle Designs schaffen. Mittlerweile schaue ich in unserem täglichen Abfall immer genau, ob ich nicht etwas davon wiederverwenden kann. Sogar meine Kinder sind schon infiziert und bringen mir z. B. ein paar besonders schöne pfandfreie Flaschen mit. Die Vorteile von Upcycling liegen also auf der Hand: keine weiteren Kosten, Abfälle werden vermieden und alte Gegenstände oder Materialien werden in neue, einzigartige und schöne Dinge verwandelt.

KLEINER SPANKORB MIT ALPENVEILCHEN

Ab November ist die Hauptreifezeit von Mandarinen, und oft werden sie in einem kleinen Spankorb verkauft. Dieser ist viel zu schade zum Entsorgen, denn man kann ihn für viele schöne Deko-Ideen upcyclen!

BENÖTIGTES MATERIAL

- 1 Spankorb, z. B. von Mandarinen, Clementinen, 17 × 9,5 cm
- 2 Stücke Holzrinde, ca. 18 cm lang
- 1 Topf Heidekraut in Weiß
- 1 Herbst-Alpenveilchen in Pink
- 1 Zweig rosa Pfefferbeeren
- Moos
- 4 Zapfen
- 2 Kerzenpicks
- 2 LED-Stabkerzen
- Heißklebepistole

SO WIRD'S GEMACHT

Die beiden Stücke Holzrinde mit Heißkleber an die Längszeiten des Spankorbs kleben. Die Querseiten ebenfalls mit Heißkleber mit Moos kaschieren.

Dann das Alpenveilchen und die Heide in den Korb setzen. Die Töpfe und die Lücken mit Moos ausstopfen und gut abdecken.

Die Kerzenpicks zwischen die Heide stecken und die Kerzen hineinstecken.

Zum Schluss alles mit Zapfen und rosa Pfefferbeeren dekorieren. Dazu Draht an den Zapfen befestigen und diese damit in das Moos stecken.

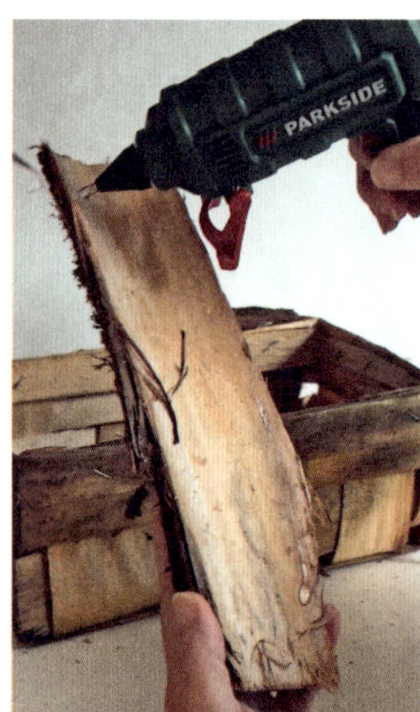

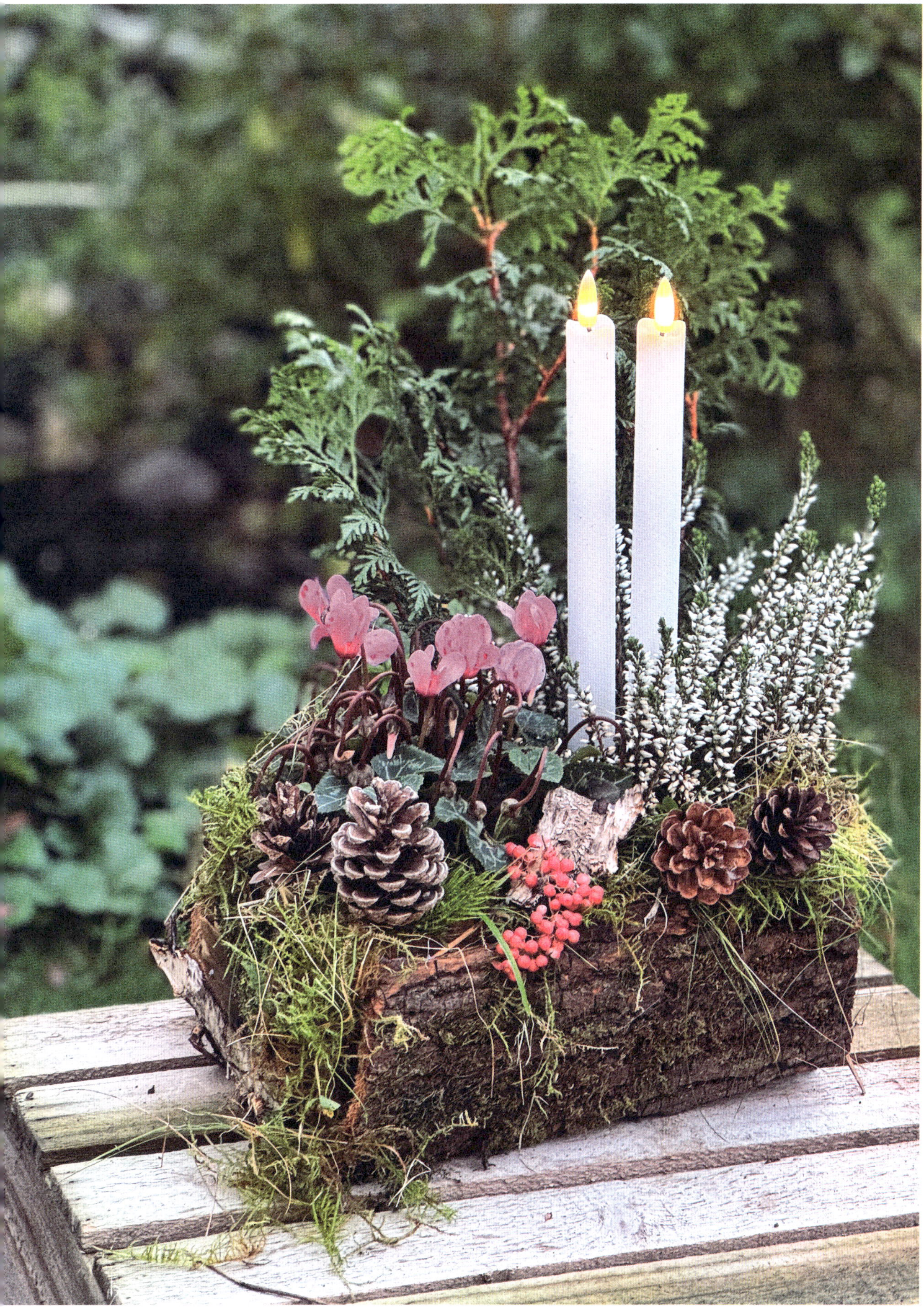

PAPPVERPACKUNG MIT HYAZINTHEN

Eine ähnliche Aufbewahrungsbox eines dänischen Designerlabels hat mich auf die Idee gebracht, diese Verpackung, wie man sie häufig z. B. mit Elektrogeräten im Karton findet, weiterzuverwenden. Diese Box besteht zu 100 % aus Recycling-Papierzellstoff und eignet sich prima als Pflanzgefäß, sofern die Pflanzen einen wasserdichten Übertopf haben.

BENÖTIGTES MATERIAL

- 1 Verpackungs-Box aus 100 % Recycling-Papierzellstoff
- 3 Hyazinthen im Topf
- 1 Christrose im Topf
- 1 Zweig Lärche mit Zapfen
- Moos
- 1 Getränkeverpackung

SO WIRD'S GEMACHT

Die leere Getränkeverpackung säubern und dann eine Längsseite abschneiden, sodass ein oben offenes, längliches Gefäß entsteht.

Die drei Hyazinthen auf die eine Seite und die Christrose auf die andere Seite in die Getränkeverpackung setzen.

Die Pflanztöpfe und die Lücken mit Moos bedecken und zum Schluss mit dem Lärchenzweig dekorieren.

Tipp:
Zu Silvester einfach die Christrose durch Glücksklee ersetzen. Über dieses hübsche Mitbringsel freut sich jeder!

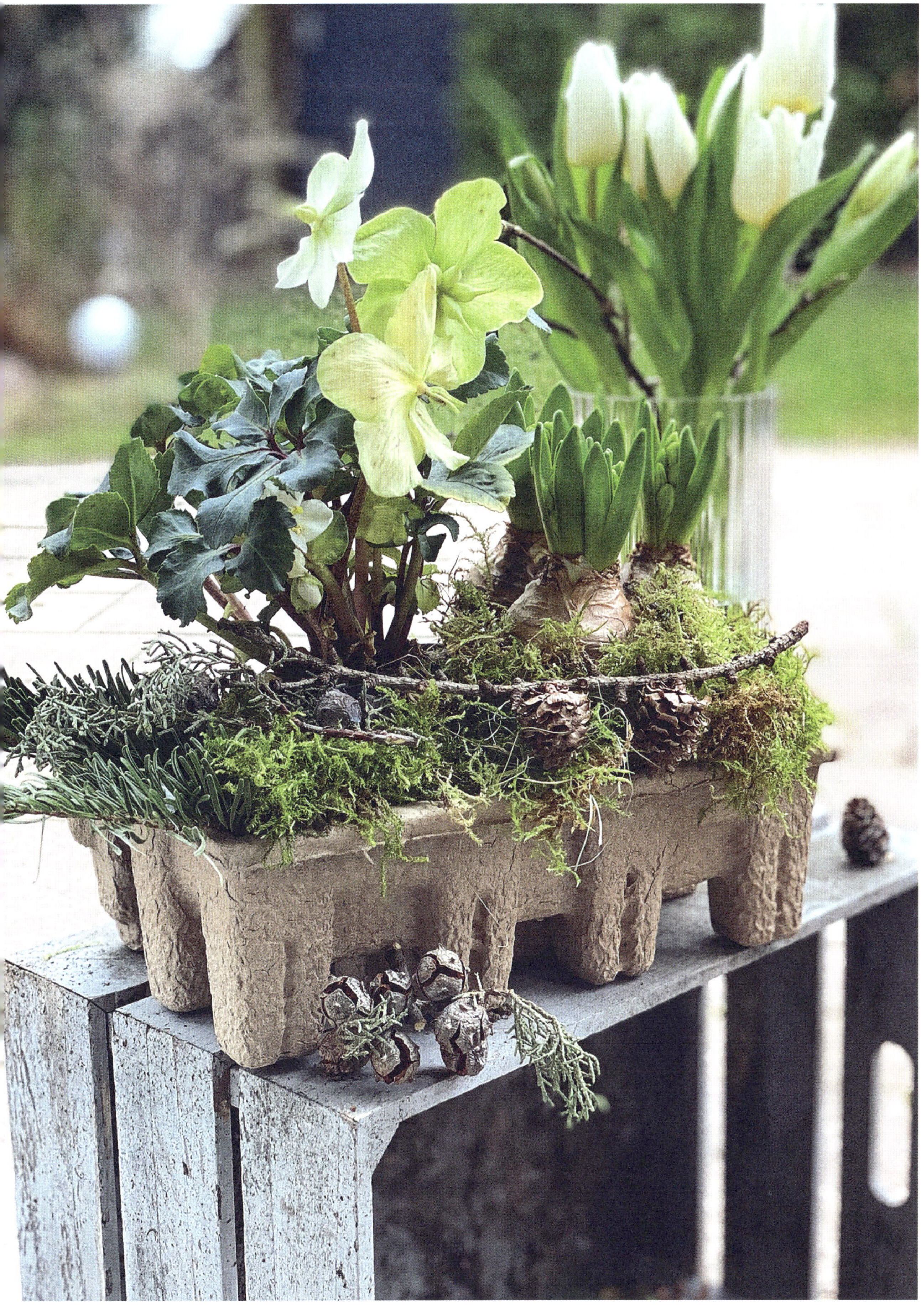

OUTDOOR-KRANZ MIT CHRISTROSE

Gerade im Winter setze ich im Garten gern weiße Akzente, denn bei uns im Rheinland fällt leider nur selten Schnee. Ein alter Strohrömer, der nicht mehr fest und ansehnlich genug für einen Indoor-Kranz ist, fungiert hier als Pflanzgefäß und bildet die ideale Basis für diese Deko-Idee.

BENÖTIGTES MATERIAL

- 1 alter Strohrömer, Ø 20 cm
- 1 Deko-Teller in Silber
- 1 Christrose im Topf
- 1 Tannenzweig
- 1 Zweig Lärche mit 2–3 Zapfen
- Moos
- Vlieswatte (Polsterwatte)-Streifen, 10 cm breit
- 1 Patenthafte
- 3 kleine Christbaumkugeln in Hellgrün
- 1 LED-Drahtlichterkette mit Batterie und Timer
- 1 Deko-Häuschen

SO WIRD'S GEMACHT

Die Vlieswatte leicht überlappend so um den Strohrömer wickeln, dass er nicht mehr zu sehen ist. Das Ende mit der Patenthafte fixieren.

Dann den Wattekranz auf den Deko-Teller legen und die Christrose im Topf in die Mitte stellen.

Ein paar Tannenspitzen abschneiden und rund um die Christrose zwischen Topf und Kranz stecken. Um den Blumentopf zu kaschieren, die Lücken und die Oberfläche des Topfes mit Moos bedecken.

Zum Schluss den Kranz mit den Christbaumkugeln und dem Deko-Häuschen schmücken und die Lichterkette um den Kranz wickeln.

Tipp:

Wenn die Weihnachtszeit vorüber ist, kann diese hübsche Dekoration trotzdem stehen bleiben. Einfach die Christbaumkugeln und die Lichterkette entfernen und stattdessen kleine Lärchenzweige mit Zapfen auf das Moos legen.

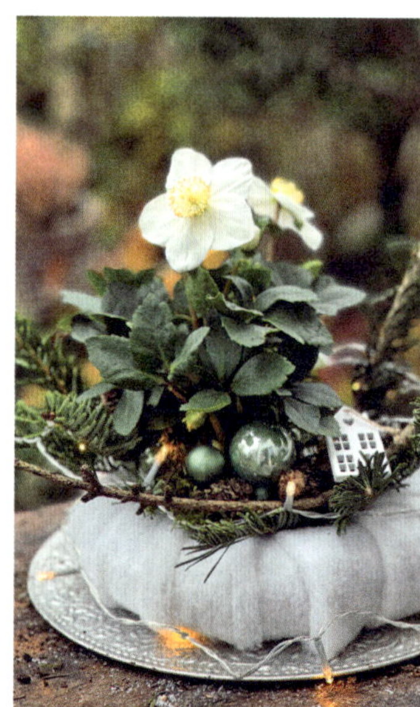

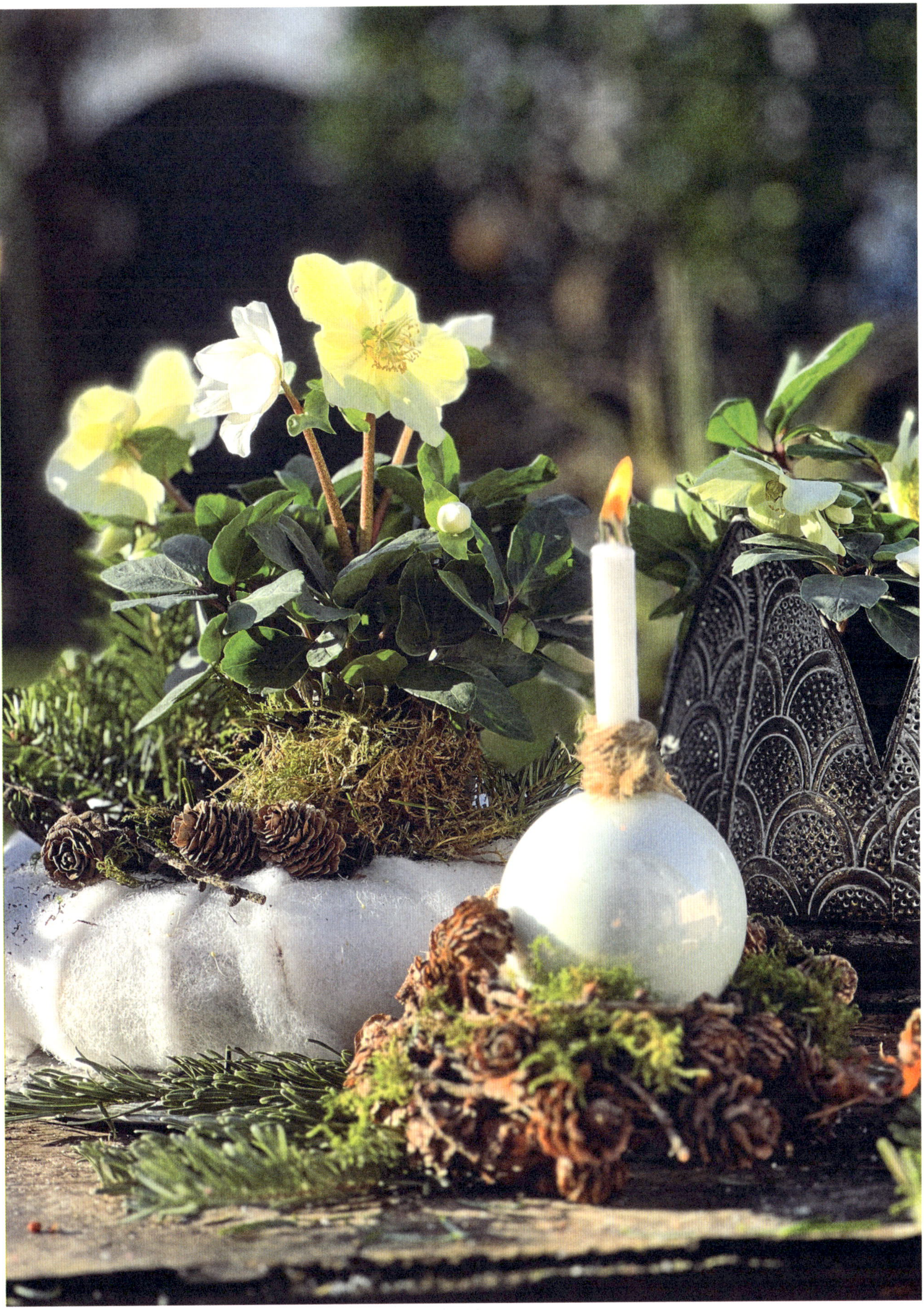

KLEINE TISCH-DEKO IN DER STÖCKCHEN-VASE

Unser Garten ist leider sehr klein, und so wird unsere Blutpflaume jährlich geschnitten, um das Wachstum einzudämmen. Ich bewahre dann gern die geraden Zweige für den Winter auf, um sie für meine Dekorationen zu nutzen.

BENÖTIGTES MATERIAL

- 1 alte Milch- oder Konservenflasche mit breiter Öffnung
- ca. 20 Holzstöckchen
- 2 Zweige Pinie
- 2 Zweige Tanne
- 1 breites Gummiband
- 3 kleine Christbaumkugeln in Silber
- Flaschenlichterkette mit Korken
- 1 Stabkerze in Weiß
- 1 Holzstern
- Schleifenband

SO WIRD'S GEMACHT

Zuerst die Holzstücke auf dieselbe Länge kürzen. Hier sind das ungefähr 15 cm; sie sollen etwas länger sein als die Flasche hoch ist.

Dann das Gummiband im unteren Drittel über die Flasche spannen und die Stöckchen zwischen dem Gummi und dem Glas einklemmen. So viele Stöckchen anbringen, bis keine Lücke mehr vorhanden ist.

Ein Deko-Band um das Gummiband legen und vorn zu einer hübschen Schleife binden. So wird das Gummi verdeckt, und die Schleife setzt einen dekorativen Akzent. Die Schleife sollte fest genug sein, um das Gummiband sicher zu fixieren.

Nun ein wenig Wasser in das Glas füllen. Je zwei Tannen- und Pinienzweige auf die passende Länge schneiden und in der Flasche arrangieren. Die verschiedenen Grüntöne der Zweige sorgen für eine ansprechende Optik.

Für eine festliche Note und stimmungsvolle Beleuchtung eine Flaschenlichterkette um das Glas wickeln und den Korken dezent verstecken.

Zum Schluss die kleinen Christbaumkugeln und einen Holzstern an die Zweige hängen.

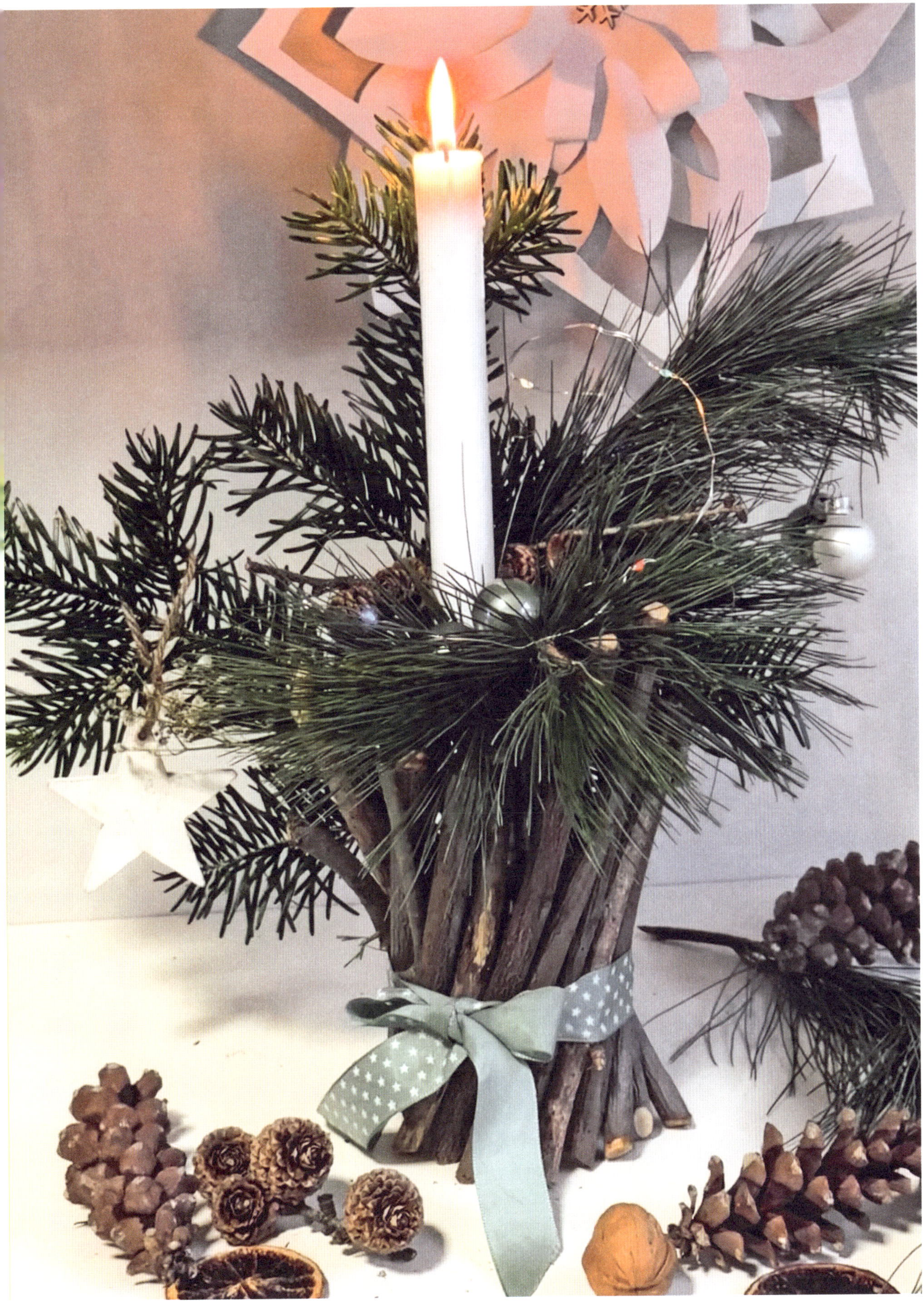

WINTERLICHES MITBRINGSEL

In der Adventszeit tummeln sich die Einladungen, man trifft Freunde und Familie, geht zu Weihnachtsfeiern. Ich versuche dabei immer, ein kleines persönliches Geschenk mitzubringen, und dieses kleine DIY ist wirklich schnell gemacht.

BENÖTIGTES MATERIAL

- 1 alte Blechdose Ø 5 cm
- 3 Tannenzweigspitzen
- Moos
- 1 Lärchenzapfen
- Vlieswatte (Polsterwatte)
- 2 kleine Christbaumkugeln in Weiß
- 2 Holzsterne in Weiß
- Juteschnur
- Kordel in Silber-Weiß
- 1 Deko-Zapfen in Silber-Weiß
- 1 Stabkerze
- 1 Stecknadel
- Füllmaterial, z. B. Papier
- Heißklebepistole

SO WIRD'S GEMACHT

Zu Anfang die Vlieswatte entsprechend der Höhe der Blechdose zuschneiden. Der Streifen soll einmal um die Blechdose reichen, außerdem eine kleine Zugabe zum Fixieren. Am einfachsten rollst du dazu die Blechdose auf dem Stoff ab und zeichnest die Länge an.

Dann den zugeschnittenen Stoff um die Blechdose legen und mit der Stecknadel zusammenstecken. Stelle sicher, dass der Stoff fest um die Dose sitzt.

Platziere die Stabkerze in der Mitte der Dose und fülle den verbleibenden Raum in der Dose mit Papier aus. Achte darauf, dass die Kerze gerade und sicher steht.

Das Papier mit Moos bedecken. Spitzen von den Tannenzweigen abschneiden und um die Kerze herum in die Dose stecken, um das Arrangement zu vervollständigen.

Nun den Deko-Zapfen auf die Juteschnur fädeln und zusammen mit der silbernen Kordel um die Kerze binden.

Zum Schluss die kleinen Christbaumkugeln, den Lärchenzapfen und den Stern hinzufügen und einen Stern mit Heißkleber auf die Mitte der Blechdose kleben.

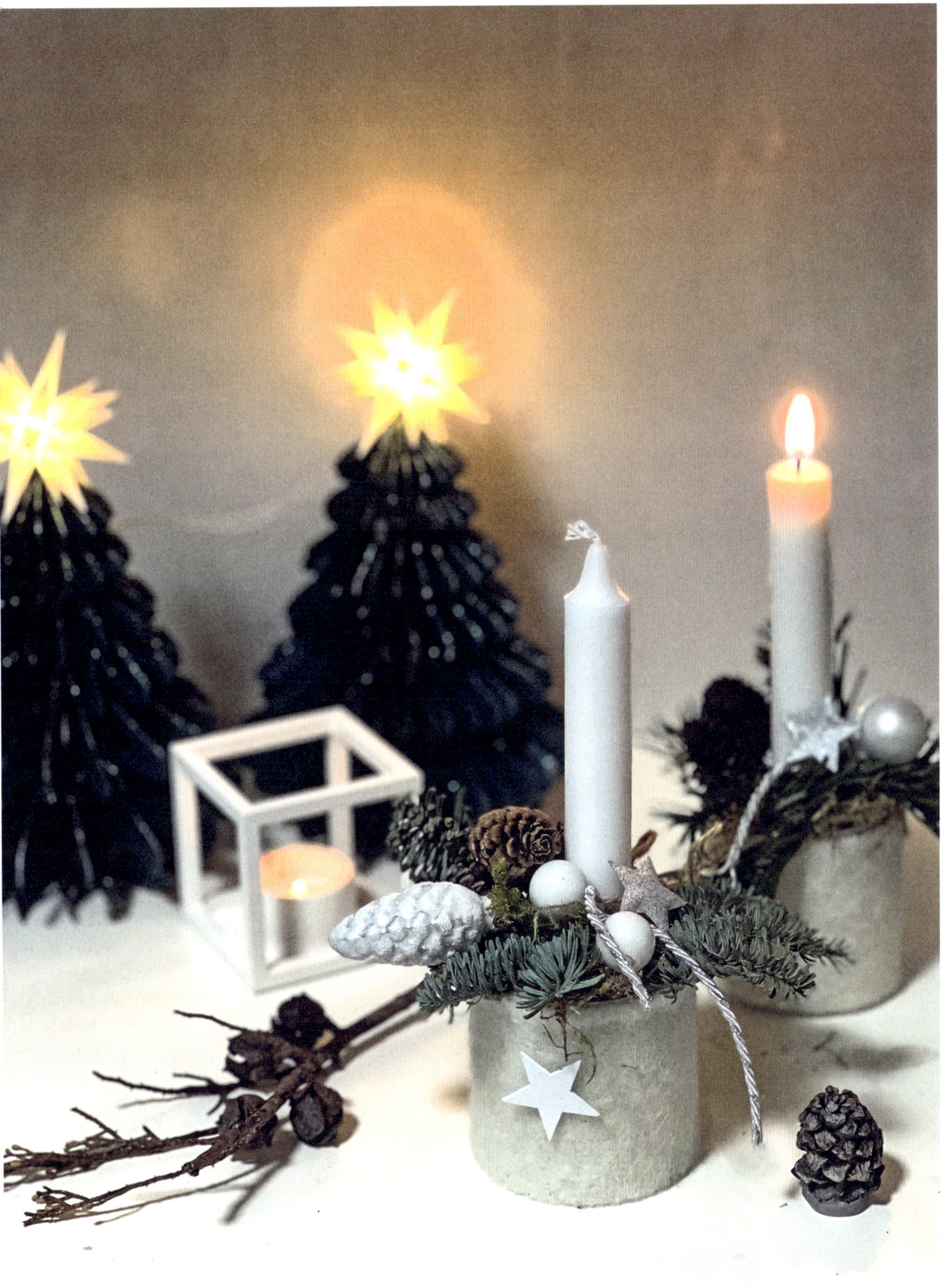

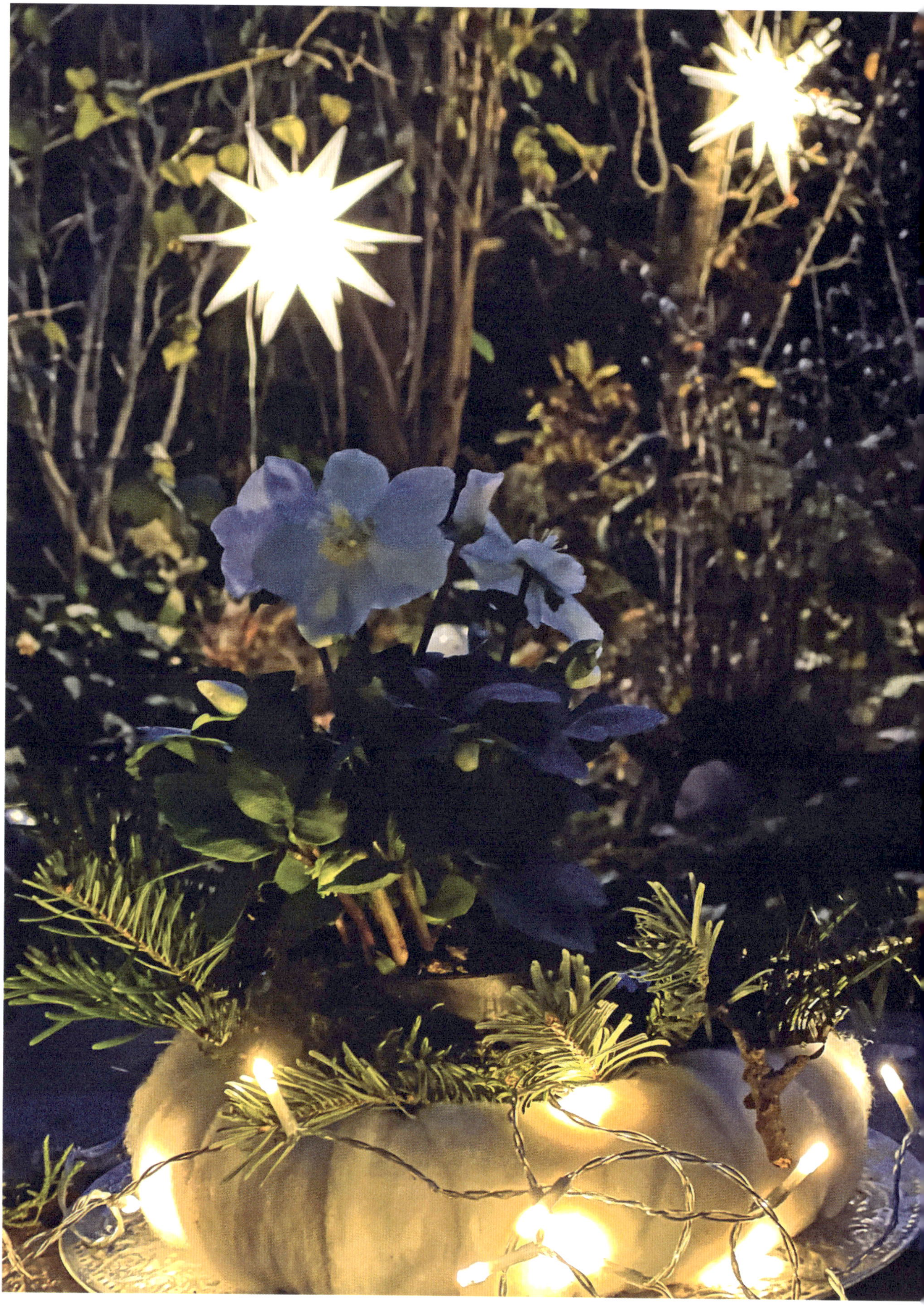

DANKE

An dieser Stelle möchte ich meinen treuen Instagram-Followern für die Unterstützung danken. Ohne Euch wäre ich nicht entdeckt worden, und dieses Buch wäre nie entstanden!

Ein großes Dankeschön geht auch an den Verlag. Es war eine unglaubliche Erfahrung, mit Euch zusammenzuarbeiten und mein Werk in die Welt zu bringen. Speziell bei dem Team von ZweiKonzept bedanke ich mich. Sie haben mich entdeckt, direkt an mich geglaubt und mich immer voll unterstützt.

Ein besonderer Dank geht an meine Familie. Ohne sie hätte ich niemals den Mut gehabt, dieses Projekt zu starten. Ich bin unendlich dankbar für die Unterstützung, die ich auf meinem Weg erfahren durfte.

IMPRESSUM

Autorin: Claudia Mers
Verantwortlich: Helgrid van Impelen
Produktmanagement und Lektorat: ZweiKonzept GbR
Layout: Marcus Taeschner, A flock of sheep
Umschlaggestaltung: Nina Andritzky
Repro: LUDWIG:media
Herstellung: Bettina Schippel
Printed in Türkiye by Elma Basim

Fotos und Zeichnungen: Claudia Mers

Unser komplettes Programm finden Sie unter
www.christophorus-verlag.de

Sind Sie mit diesem Titel zufrieden? Dann würden wir uns über Ihre Weiterempfehlung freuen. Erzählen Sie es im Freundeskreis, berichten Sie Ihrem Buchhändler oder bewerten Sie bei Onlinekauf. Und wenn Sie Kritik, Korrekturen, Aktualisierungen haben, freuen wir uns über Ihre Nachricht an:
Christophorus Verlag,
Postfach 40 02 09, D-80702 München oder per E-Mail an lektorat@verlagshaus.de

Die Deutsche Nationalbibliothek verzeichnet diese Publikation in der Deutschen Nationalbibliografie; detaillierte bibliografische Daten sind im Internet über www.dnb.de abrufbar.

ISBN 978-3-8388-3947-9

Kreativ-Service

Sie haben Fragen zu unseren Büchern und Materialien? Wir beraten Sie gern rund um alle Kreativthemen. Rufen Sie uns einfach an. Wir interessieren uns auch für Ihre eigenen Ideen und Anregungen. Sie erreichen uns per E-Mail kreativ-service@c-verlag.de oder unter der Telefonnummer 0049-89-1306 99 577.

Besuchen Sie uns im Internet: www.christophorus-verlag.de & www.selbstgemacht.de